# 迈向德国第一步
## ——德国入籍测试

主编　徐琼星　刘　为
编委　（按姓氏笔画排序）
刘　为　刘莫尘　陈春花
杨　曼　康晓瑜　徐琼星

WUHAN UNIVERSITY PRESS
武汉大学出版社

**图书在版编目(CIP)数据**

迈向德国第一步:德国入籍测试/徐琼星,刘为主编.—武汉:武汉大学出版社,2016.3
ISBN 978-7-307-17441-2

Ⅰ.迈… Ⅱ.①徐… ②刘… Ⅲ.①德语—阅读教学—自学参考资料 ②移民—基本知识—德国 Ⅳ.①H339.4 ②D751.638

中国版本图书馆 CIP 数据核字(2015)第 321891 号



责任编辑:叶玲利　　责任校对:汪欣怡　　版式设计:韩闻锦

出版发行:**武汉大学出版社**　(430072 武昌 珞珈山)
(电子邮件:cbs22@whu.edu.cn 网址:www.wdp.com.cn)
印刷:湖北金海印务有限公司
开本:787×1092 1/16 印张:14.25 字数:323 千字 插页:1
版次:2016 年 3 月第 1 版　　2016 年 3 月第 1 次印刷
ISBN 978-7-307-17441-2　　定价:29.00 元

# 序　言

德国——欧洲最大的经济体，即便在欧盟经济普遍低靡，欧元持续贬值，希腊、葡萄牙等多国深陷债务危机之时，其经济非但没有受到欧元区经济体发展形势下滑的拖累，反而逆势上扬、一路向好。同时其完备的社会福利保障制度、终生免费教育、清新迷人的景色以及随处可见的祥和恬静的生活，使得世界上众多具有移民倾向的人对德国趋之若鹜。

如果您决定要去德国度过余生，那么必须要对这个国家一些重要的事情有所了解。从 2008 年 9 月 1 日开始，外国人若想入籍德国，必须通过国家统一的入籍考试(Einbürgerungstest)。德国内政部称，入籍测试的目的是为了帮助及促进移民融合。考试从 310 个问题中选出 33 道题目，测试者必须在 60 分钟内答对至少 17 道题目。这些客观性知识测试题目紧扣“德国”和“欧洲”这一核心主题，内容涵盖了德国的政体和时政、宪法和法律、个人的权利和义务、重大历史事件、科学和文化瑰宝以及社会生活的方方面面。

本书在编写过程中收集了大量德国入籍考试的真题，试图通过对每道题目深入浅出的解析，让读者对德国的政治、经济、法律、历史和社会产生更加直观和深入的窥视和了解，为您的移民之路提供更多详实的知识和便利。本书适合作为国内德语专业本科生和研究生的课外阅读材料，同时也适合从事法律、德国研究、移民等相关事宜的人群作为参考。

**编者**

于珞珈山 2016 年 3 月

# 目　录

# Aufgabe 1

**In Deutschland dürfen Menschen offen etwas gegen die Regierung sagen, weil...**

☐ **hier Religionsfreiheit gilt**

☐ **die Menschen Steuern zahlen**

☐ **die Menschen das Wahlrecht haben**

☐ **hier Meinungsfreiheit gilt**

在德国人们可以公开发表反政府的言论，是因为__________。

☐ 德国宗教自由

☐ 公民纳税

☐ 公民有选举权

☐ 言论自由

**解析**：言论自由

**知识拓展**：德国《基本法》第一章第五条：

Artikel 5 sichert allen Bürgern die frei Meinungsäußerung zu. Seine Meinung kann man mit Worten，schriftlich aber auch mit Bildern zum Ausdruck bringen，also auch in Leserbriefen. Es ist auch ausdrücklich gewährleistet，dass sich jeder ungehindert Informationen aus allgemein zugänglichen Quellen beschaffen darf. Insbesondere gewährleistet dieser Artikel auch die Pressefreiheit und verbietet jede Zensur. Dieses Grundrecht kann auch nicht vom Bundestag abgeschafft werden. Die Meinungsfreiheit hat allerdings da ihre Grenzen，wo andere Menschen verleumdet werden.

《基本法》第五条保障所有公民享有言论自由权。人人有以语言、文字及图画自由表达其意见之权利。该条特别强调了从一般公开来源获取知识而不受阻碍之权利，同时该条还特别强调了出版自由，禁止检查制度，并且这项基本权利不得被联邦议院废除。但言论自由也有界限，即不得诽谤他人。

**知识拓展**：《德意志联邦共和国基本法》(Grundgesetz für die Bundesrepublik Deutschland，缩写：GG)，是德意志联邦共和国的宪法，是德国的根本大法。《基本法》于1949年5月23日获得通过，次日即1949年5月24日生效，标志着德意志联邦共和国的成立。

《基本法》是联邦德国法律和政治的基础，特别是其中包含的基本权利(Grundrechte)由于纳粹德国的经历尤为重要。联邦宪法法院作为独立的宪法机构保障这些基本权利，维持国家政治组织体系，并对它们进行完善和发展。1949 年德国《基本法》只在西方占领区生效，当初并未打算将其作为长期有效的宪法，因为当时国会参议院(Parlamentarischer Rat，由西方占领区 11 个州的州长组成)认为苏联占领区会很快和西方占领区完成合并统一。可是直到 1990 年 10 月 3 日两德统一后《基本法》才成为整个德国的宪法。虽然《基本法》并不是由德国人民直接投票通过的，但其民主的合法性在国际上并没有受到怀疑；而且《基本法》从一开始就确定的国家的基本政治原则符合实体宪政概念的要求。这些基本政治原则如下：民主(Demokratie)、共和(Republik)、社会福利国家(Sozialstaat)、联邦国家(Bundesstaat)以及实质的法治国(Rechtsstaat)原则。除了这些国家政治生活的基本原则，《基本法》也规定了国家机构，保障个人自由并建立了一个客观的价值体系。

除了第五条之外，《基本法》还规定了其他的权益，现摘录几条：

《基本法》第一条规定了德意志联邦共和国的最高准则：人之尊严不可侵犯！因此德意志人民承认人权不可侵犯、不可转让，拥护世界和平与正义。

《基本法》第三条保障法律面前人人平等。该条尤其规定了男女权利平等。任何人不得因性别、出身、种族、语言、籍贯、血统、信仰、宗教或政治见解而受歧视或享特权。任何人不得因残障而受歧视。

《基本法》第四条保障信仰和良心自由。条款内容包括宗教仪式不受妨碍，公民有权拒服兵役。出于良心原因不愿加入联邦国防军的，可以服民役代替兵役。

《基本法》第六条规定婚姻和家庭受国家保护。父母有自己教育孩子的权利和义务。

《基本法》第八条保障游行示威的权利。为了确保其过程不涉及武力，露天集会可通过法律加以限制。

《基本法》第九条保障结社和组织工会的权利。该项权利不适用于持与宪法和民族谅解相抵触思想的社团。

《基本法》第十条规定任何国家机构或个人不得读取他人信件，不得监听远程通话(电话、互联网)。

《基本法》第十一条保障迁徙自由权。所有德国公民有权在联邦领土内自由选择住处。

《基本法》第十二条规定自由选择职业的权利，禁止强制劳动。

《基本法》第十二条第一款规定男性有义务服兵役。但出于良心原因拒绝武装战争勤务的，可以用履行服民役的义务代替。

《基本法》第十三条规定住所不受侵犯。除应法官的绝对命令外，公民不必让任何人进入其住所。但房主有权进入住所。房客必须按照约定让房东进入住房，以便其了解该房屋的使用是否符合规章制度。

根据《基本法》第十六条第一款，德意志联邦共和国准予在其他国家受到迫害的人享有政治避难权。

# Aufgabe 2

**In Deutschland können Eltern bis zum 14. Lebensjahr ihres Kindes entscheiden，ob es in der Schule am...**

☐ **Geschichtsunterricht teilnimmt**

☐ **Religionsunterricht teilnimmt**

☐ **Politikunterricht teilnimmt**

☐ **Sprachenunterricht teilnimmt**

在德国孩子年满 14 岁以前，父母可以决定孩子是否参加下列哪种课程？

☐ 历史课

☐ 宗教课

☐ 政治课

☐ 语言课

解析：宗教课

知识拓展：Artikel 7：Der Statt ist verantwortlich für das Schulwesen. Die Erziehungsberechtigten（Eltern）entscheiden auch über die Teilnahme am Religionsunterricht. Da Kinder im Alter von 14 Jahren religionsmündig werden，können sie dann selbst über ihre Religionsausübung und damit auch über die Teilnahme am Religionsunterricht entscheiden.

《基本法》第七条规定国家负责教育事业。教育权利人（父母）决定孩子是否参加宗教课程。孩子达到自主选择宗教的法定年龄（14 周岁）后，可自行决定是否进行宗教活动，因此也可自行决定是否参加宗教课程。

# Aufgabe 3

**Deutschland ist ein Rechtsstaat. Was ist damit gemeint?**

☐ **Alle Einwohner oder Einwohnerinnen und der Staat müssen sich an die Gesetze halten.**

☐ **Der Staat muss sich nicht an die Gesetze halten**

☐ **Nur Deutsche müssen die Gesetze befolgen**

☐ **Die Gerichte machen die Gesetze**

德国是个法治国家。这指的是＿＿＿＿＿＿＿。

☐ 所有的公民和德国政府本身必须遵守法律

☐ 德国政府不必遵守法律

☐ 只是德国人必须遵守法律

☐ 德国法院制定法律

**解析**：所有的公民和德国政府本身必须遵守法律

**知识拓展**："法治国家"或"法治国"（Rechtsstaat）是德语中最先使用的一个概念，其基本含义是"国家权力"，特别是行政权力必须依照法律行使，法治国家有时又称法治政府。判定一个国家是否为法治国主要有如下几条标准：

1. 通过法律保障人权，限制公共权力的滥用；
2. 规范的治理；
3. 通过宪法确立分权与权利制约的国家权力关系；
4. 赋予广泛的公民权利；
5. 确立普遍的司法原则、司法独立等。

一个法治国家的形式标志主要包括：

1. 完备统一的法律体系；
2. 普遍有效的法律规则；
3. 严格公正的执法制度；
4. 专门化的法律职业。

一个法治国家的实质标志主要包括：

1. 法律与政治关系的理性化制度；
2. 权力与责任关系的理性化制度；
3. 权力与权利关系的理性化制度；
4. 权利与义务关系的理性化制度。

# Aufgabe 4

**Welches Recht gehört zu den Grundrechten in Deutschland?**

☐ **Waffenbesitz**

☐ **Faustrecht**

☐ **Meinungsfreiheit**

☐ **Selbstjustiz**

下列哪项权利属于联邦德国《基本法》中规定的基本权利？

☐ **枪支私有**

☐ **使用暴力**

☐ **言论自由**

☐ **动用私刑**

**解析**：言论自由

参见《联邦德国基本法》第一章第五条：

Jeder hat das Recht，seine Meinung in Wort，Schrift und Bild frei zu äußern und zu verbreiten und sich aus allgemein zugänglichen Quellen ungehindert zu unterrichten.

人人享有以语言、文字和图画自由发表、传播其言论的权利并无阻碍地以通常途径了解信息的权利。

**知识拓展**：德国《基本法》对基本权利的规定主要在第一章第一条至第十九条中，现将其内容列举如下：

第一章　基本权利

第一条　人的尊严

(一)人的尊严不可侵犯。尊重和保护人的尊严是一切国家权力的义务。

(二)德国人民信奉不可侵犯的和不可转让的人权是所有人类社会、世界和平和正义的基础。

(三)下述基本权利为直接有效地约束立法、行政和司法的法则。

第一条　个性自由发展，生命权，身体不受侵犯，人身自由

(一)人人享有个性自由发展的权利，但不得侵害他人权利，不得违反宪法秩序或道德规范。

(二)人人享有生命和身体不受侵犯的权利。人身自由不可侵犯。只有依据法律才能对此类权利予以干涉。

第三条　平等

(一)法律面前人人平等。

(二)男女平等。国家促进男女平等的实现并力求消除现有的不平等现象。

(三)任何人不得因性别、门第、种族、语言、籍贯和来源、信仰、宗教或政治见解受到歧视或优待。任何人不得因残疾受到歧视。

第四条　信仰、良心和信教自由，拒服兵役

(一)信仰和良心自由、宗教和世界观信奉自由不可侵犯。

(二)保证宗教活动不受干扰。

(三)任何人不得被迫违背其良心服兵役并使用武器。具体由联邦法律予以规定。

第五条　言论自由

(一)人人享有以语言、文字和图画自由发表、传播其言论的权利并无阻碍地以通常途径了解信息权利。保障新闻出版自由和广播、电视、电影的报道自由。对此不得进行内容审查。

(二)一般法律和有关青少年保护及个人名誉权的法律性规定对上述权利予以限制。

（三）艺术、科学、研究和教学自由进行。教学自由不得违反宪法。

第六条　婚姻、家庭、非婚生子女

（一）婚姻和家庭受国家特别保护。

（二）抚养和教育子女是父母的自然权利，也是父母承担的首要义务。国家机构对他们的行为予以监督。

（三）教育权人不能履行义务或子女出于其他原因面临堕落的危险时，方可依据法律，违反教育权人的意志将其子女与家庭分离。

（四）每一母亲均有享受社会保护和照顾的权利。

（五）对于非婚生子女，应通过立法创造与婚生子女同等的条件，以促进他们身心成长，获得同等的社会地位。

第七条　学校教育

（一）国家对全部学校教育事业予以监督。

（二）教育权人对于子女是否接受宗教教育享有决定权。

（三）除与宗教无关的学校外，公立学校的宗教教育是一门正式课程。在不违背国家监督权的情况下，宗教课程根据宗教团体的有关原则进行。不得违反教师的意愿分派宗教课程。

（四）保障开设私立学校的权利。开设私立学校以代替公立学校需取得国家批准并应遵守各州法律。私立学校的教学目的、教学设备和师资水平不低于公立学校且不鼓励根据父母财产情况区别对待学生的，给予批准。教师的经济和法律地位未得以充分保障的，不予批准。

（五）私立国民学校的教学计划针对特别教育利益的，或国民学校作为综合学校、宗教学校或培养特定世界观的学校，应教育权人的申请要求开办而当地又无此类公立学校的，方可允许开办私立国民学校。

（六）中学预备学校仍不得开办。

第八条　集会自由

（一）所有德国人均享有不携带武器进行和平集会的权利，集会无需事先通告或批准。

（二）对于露天集会的权利，可制定法律或根据法律予以限制。

第九条　结社自由

（一）所有德国人均享有结社的权利。

（二）社团的宗旨和活动违反刑法、宪法秩序或违反民族谅解原则的，予以禁止。

（三）保障所有人和所有职业为保护和改善劳动、经济条件而结社的权利。限制或妨碍此项权利的协议均属无效，为此采取的措施均属违法。对于第一句所指社团为保护和改善劳动、经济条件而进行的劳资斗争，不得采取第十二 a 条、第三十五条第二款和第三款、第八十七 a 条第四款所指措施。

第十条　通信、邮政和电信秘密

（一）通信秘密以及邮政、电信秘密不可侵犯。

（二）此项权利只能根据法律予以限制。此种限制有利于保护联邦或州的自由民主的基本秩序或保障联邦和州的生存或安全时，法律可规定不将此项限制告知受限制人，由议会指定机构和辅助机构对有关情况进行审查以取代进行法律诉讼。

第十一条　迁徙自由

（一）所有德国人在整个联邦领土内享有迁徙自由的权利。

（二）由于缺乏足够的生活基础，将给社会公共利益带来特别负担时，联邦或州的生存或自由民主的基本秩序面临危险时，为处理传染病危险、自然灾害和特别重大事故时，为防止青少年堕落或为防止犯罪活动有必要时，可通过法律或依据法律对迁徙自由权予以限制。

第十二条　职业自由

（一）所有德国人均有自由选择职业、工作岗位和培训场所的权利。从事职业可通过法律或依据法律予以规定。

（二）除一般传统的、针对所有人员的公共服务义务之外，任何人不得被迫从事一定的劳动。

（三）法院判决剥夺自由权利时，方可允许实行强制劳动。

第十二 a 条　兵役和替代役义务

（一）男子年满 18 周岁的，有在武装部队、联邦边防部队或民防组织中服役的义务。

（二）对于出于良心方面的理由拒绝持武器服兵役的，有替代役义务。替代役的期限不得超过服兵役的期限。具体另由法律规定。此项法律不得限制依良心决定是否服兵役的自由，也必须规定可以用其他方式代替兵役，且替代役与武装部队或联邦边防部队的机构应无联系。

（三）对于未根据第一款或第二款应征服役的服役义务人，通过法律或依据法律可以在防御状态下履行防务性的，包括民防的民事役义务，并为此受雇并订立劳动关系。规定服役义务人受雇并订立公法服务关系时，只能允许执行警察事务或此类只可通过订立公法服务关系而完成的国家官方公共管理任务，在武装部队建立第一句所指的劳动关系时，可限定在其后勤或公共管理部门服役；在平民生活供给方面规定受雇并订立劳动关系时，只有在满足平民生活必需品供应或为保障他们的安全有必要时，方可准许。

（四）在防御状态下，如自愿参加民役的人员不能满足平民卫生救护以及固定地点的军事救护组织的需要，可通过法律或依据法律规定，征集 18 周岁至 55 周岁的妇女参加此类民役。任何情况下，妇女均不负有参与使用武器的服役义务。

（五）防御状态发生之前，第三款所指义务只能根据第八十 a 条第一款的规定予以设立。第三款规定的服役因需要专门知识和技能而应予以准备的，可通过法律或根据法律，规定参加培训活动的义务。此种情形下，第一句规定不予适用。

（六）防御状态下，第三款第二句所指范围内自愿服役的劳力不能满足需要时，可通过法律或根据法律限制德国人放弃从事某项职业或工作岗位的自由。防御状态之前，第五款第一句相应适用。

第十三条　住宅不受侵犯

(一)住宅不受侵犯。

(二)只有在法官发布命令后，方可按照法定形式对住宅进行搜查，如延误存在危险的，也可依据法律规定的其他机构发布的搜查令并只能以法律规定的形式进行搜查。

(三)依据有关事实怀疑某人犯有法律规定的特别严重的罪行时，以其他手段对案情进行调查特别困难或将无结果时，依据法官的命令，允许对犯罪嫌疑人可能停留的住宅采用技术手段进行紧急监控以侦探案情。监控措施应有期限。有关监控命令由三名法官组成的审判组织作出。如延误存在危险时，监控命令亦可由一名法官作出。

(四)为防止危及公共安全，特别是为防止危及公众生命安全，只有依据法官命令，方可对住宅采用技术手段进行监控。如延误存在危险时，亦可由法律指定的某一机构命令采取监控措施；此种情况下应立即随后补全法官裁决。

(五)如使用技术手段仅属对住宅中的人员进行保护，则可由法律指定的某一机构命令采取有关措施。只有出于侦查犯罪事实或排除危险的目的，且法官事先对有关措施的合法性确认过时，方可对所获得的情况作以其他方面的使用；有延误危险时，应立即补全法官的裁判。

(六)对于依据第三款和第四款联邦主管范围内所采取的技术手段，以及在法官审查情况下依据第五款所采取的技术手段，联邦政府每年向联邦议院报告情况。联邦议院选举产生的委员会依据此项报告行使议会监督。各州保障同样程度的议会监督。

第十四条　财产权、继承权和财产征收

(一)保障财产权和继承权。有关内容和权利限制由法律予以规定。

(二)财产应履行义务。财产权的行使应有利于社会公共利益。

(三)只有符合社会公共利益时，方可准许征收财产。对财产的征收只能通过和根据有关财产补偿形式和程度的法律进行。确定财产补偿时，应适当考虑社会公共利益和相关人员的利益。对于补偿额有争议的，可向普通法院提起诉讼。

第十五条　社会征用

土地、自然资源和生产资料用于社会化的目的的，可以依据有关补偿方式和补偿范围的法律转为公有财产或其他公有经济形态。对于补偿，第十四条第三款第三句和第四句相应适用。

第十六条　国籍变更，引渡

(一)德国国籍不容剥夺。国籍的丧失只能依据法律进行。违反当事人意愿变更国籍的，以当事人不因此成为无国籍人员为限。

(二)通过法律可以对向欧洲联盟的任何一个成员国或国际法院的引渡作出不同规定，但以遵守法治国家原则为限。

第十六 a 条　避难权

(一)遭受政治迫害的人员享有避难权。

(二)来自欧洲共同体成员国的公民，或《难民法律地位条约》和《保障公民人权和基本自由公约》适用得以保障的国家的公民，不得主张第一款权利。对于满足第一句前提条件的除欧共体以外的国家，由法律予以确定，并取得联邦参议院批准。在第一句所指情形中，可不考虑提起的法律救济，执行有关结束居留权的措施。

(三)某些国家的法制状况、法律实施和一般的政治条件显示在该类国家既无政治迫害又无非人道的或歧视性的处罚待遇现象的，经联邦参议院批准，可制定法律确定此类国家的范围。来自该类国家的外国人未陈述有关事实证明其受到政治迫害前，认定其没有遭受迫害。

(四)在第三款所指情形中和其他情况下，用以结束居留的措施显然不具备理由的或显然不能视为具备理由的，只有对其合法性存有严重怀疑时，方可由法院决定暂停执行；对有关审查范围可予以限制并对未按时提交的有关理由不予考虑。具体由法律予以规定。

(五)《难民法律地位条约》和《保障公民人权和基本自由公约》在缔约国必须予以保障实施，就难民申请的审查，包括相互承认难民申请决定以及就欧洲共同体成员国遵守上述条约和公约的义务，成员国之间签订的或与第三国签订的国际法意义上的协议不与第一款至第四款发生冲突。

第十七条　请愿权

人人均有以个人方式或与他人共同的方式书面向主管机构和人民代表机构提出请求和申诉的权利。

第十七 a 条　服役义务人基本权利的限制

(一)有关兵役和替代役的法律可以规定，服兵役或替代役期间，对于武装部队成员和替代役人员可限制他们以语言、文字和图画自由表达和传播意见的基本权利(第五条第一款第一句前半句)、集会自由的基本权利(第八条)以及法律准许可同他人共同提出请求和申诉的请愿权(第十七条)。

(二)有关防御，包括民防的法律可规定对迁徙自由(第十一条)和住宅不受侵犯的基本权利(第十三条)予以限制。

第十八条　基本权利的丧失

凡滥用自由发表意见权，特别是新闻出版自由权(第五条)、教学自由权(第五条第三款)、集会自由权(第八条)、结社自由权(第九条)、通信、邮政和电信秘密权(第十条)、财产权(第十四条)和避难权(第十六 a 条)以攻击自由民主的基本秩序为目的的，丧失相应的基本权利。基本权利的丧失和丧失范围由联邦宪法法院宣布。

第十九条　基本权利的限制，诉讼权的保证

(一)依据本基本法规定，某项基本权利可通过法律或依据法律予以限制的，该法律必须具有普遍适用效力，不得只适用个别情况。此外，该法律必须指明引用有关基本权利的具体条款。

(二)任何情况下均不得侵害基本权利的实质内容。

(三)基本权利依其性质也可适用法人，即适用于国内法人机构。

(四)无论何人，当其权利受到公共权力侵害时，均可提起诉讼。如无其他主管法院，可向普通法院提起诉讼。第十条第二款第二句的规定不受影响。

# Aufgabe 5

**Wen müssen Sie in Deutschland auf Verlangen in Ihre Wohnung lassen?**

□ **den Postboten / die Postbotin**

□ **den Vermieter / die Vermieterin**

□ **den Nachbarn / die Nachbarin**

□ **den Arbeitgeber / die Arbeitgeberin**

在德国，在________的要求下您必须允许其进入您的房间。

□ 邮递员

□ 房东

□ 邻居

□ 雇主

**解析**：房东

**知识拓展**：《基本法》第十三条规定住所不受侵犯。除应法官的绝对命令外，公民不必让任何人进入其住所。但房东有权进入住所。房客必须按照约定让房东进入住房，以便其了解该房屋的使用是否符合规章制度。

# Aufgabe 6

**Wie heißt die deutsche Verfassung?**

□ **Volksgesetz**

□ **Bundesgesetz**

□ **Deutsches Gesetz**

□ **Grundgesetz**

德国的宪法被称为________。

□ 人民的法律

□ 联邦法

□ 德国法律

□ 《基本法》

解析:《基本法》

知识拓展:《德意志联邦共和国基本法》(Grundgesetz für die Bundesrepublik Deutschland，缩写：GG)是德国的根本大法。

德国基本法于 1949 年 5 月 23 日获得通过，次日即 1949 年 5 月 24 日生效，标志着德意志联邦共和国的成立。后经过多次修改，最近一次修改是在 2006 年 8 月 26 日，并于 2006 年 9 月 1 日生效。德国《基本法》是联邦德国法律和政治的基石。

# Aufgabe 7

**Welches Recht gehört zu den Grundrechten，die nach der deutschen Verfassung garantiert werden？Das Recht auf...**

□ **Glaubens- und Gewissensfreiheit**

□ **Unterhaltung**

□ **Arbeit**

□ **Wohnung**

下列哪项权利属于德国宪法保护的基本权利？

□ 信仰自由和良心自由

□ 谈话

□ 工作

□ 住宅(不受侵犯)

解析:信仰和良心自由

知识拓展:参见《联邦德国基本法》第一章第四条:

Die Freiheit des Glaubens，des Gewissens und die Freiheit des religiösen und weltanschaulichen Bekenntnisses sind unverletzlich.

信仰和良心自由、宗教和世界观信奉自由不可侵犯。

# Aufgabe 8

**Was steht nicht im Grundgesetz von Deutschland？**

□ **Die Würde des Menschen ist unantastbar.**

☐ **Alle sollen gleich viel Geld haben.**

☐ **Jeder Mensch darf seine Meinung sagen.**

☐ **Alle sind vor dem Gesetz gleich.**

下列哪项内容没有出现在德国《基本法》中？

☐ 人的尊严不可侵犯。

☐ 所有的人都应拥有很多钱。

☐ 人人享有言论自由。

☐ 法律面前人人平等。

解析：所有的人都应拥有很多钱

知识拓展：参见《联邦德国基本法》第一章第一条：

Die Würde des Menschen ist unantastbar.

第一章第三条

Alle sind vor dem Gesetz gleich.

第一章第三条(参见第4题)

# Aufgabe 9

**Welches Grundrecht gilt in Deutschland nur für Ausländer / Ausländerinnen? Das Grundrecht auf...**

☐ **Schutz der Familie**

☐ **Menschenwürde**

☐ **Asyl**

☐ **Meinungsfreiheit**

在德国下列哪项基本权利只适用于外国人？

☐ 保护家庭

☐ 人的尊严不可侵犯

☐ 避难权

☐ 言论自由

解析：避难权

知识拓展：参见《联邦德国基本法》第一章第十六 a 条：

Politisch Verfolgte genießen Asylrecht.

遭受政治迫害的人员享有避难权。

## Aufgabe 10

**Was ist mit dem deutschen Grundgesetz vereinbar?**

☐ **die Prügelstrafe**

☐ **die Folter**

☐ **die Todesstrafe**

☐ **die Geldstrafe**

**下列哪项内容同《基本法》是一致的？**

☐ **鞭刑**

☐ **刑讯**

☐ **死刑**

☐ **罚款**

**解析：**罚款

**知识拓展：**参见《基本法》第九章第一百零二条：

Die Todesstrafe ist abgeschafft.

废除死刑。

## Aufgabe 11

**Wie wird die Verfassung der Bundesrepublik Deutschland genannt?**

☐ **Grundgesetz**

☐ **Bundesverfassung**

☐ **Gesetzbuch**

☐ **Verfassungsvertrag**

**德意志联邦共和国的宪法被称为____________。**

☐ **《基本法》**

☐ **联邦宪法**

☐ **法典**

☐ **宪法条约**

**解析:**《基本法》

**知识拓展:** 参见第 6 题。

## Aufgabe 12

**Eine Partei im deutschen Bundestag will die Pressefreiheit abschaffen. Ist das möglich?**

- ☐ **Ja, wenn mehr als die Hälfte der Abgeordneten im Bundestag dafür sind.**
- ☐ **Ja, aber dazu müssen zwei Drittel der Abgeordneten im Bundestag dafür sein.**
- ☐ **Nein, denn die Pressefreiheit ist ein Grundrecht. Es kann nicht abgeschafft werden.**
- ☐ **Nein, denn nur der Bundesrat kann die Pressefreiheit abschaffen.**

**某个政党在联邦议院中提议废除新闻出版自由。这是否可行?**

- ☐ **可以，如果联邦议院中有超过半数的议员赞同。**
- ☐ **可以，但联邦议院中必须有 2/3 的议员赞同。**
- ☐ **不可以，因为新闻出版自由是德国《基本法》规定的基本权利，不可以被废除。**
- ☐ **不可以，因为只有联邦参议员有权废除新闻出版自由。**

**解析:** 不可以，因为新闻出版自由是德国《基本法》规定的基本权利，不可以被废除。

**知识拓展:** 参见第一章第五条:

(1) Die Pressefreiheit und die Freiheit der Berichterstattung durch Rundfunk und Film werden gewährleistet. Eine Zensur findet nicht statt.

保障出版自由以及通过广播和影片进行报道的自由，不得设立审查制度。

## Aufgabe 13

**Wer in seiner Heimat wegen seiner politischen Meinung verfolgt wird und deshalb nach Deutschland flieht, kann was beantragen?**

- ☐ **Begrüßungsgeld**
- ☐ **Asyl**

☐ **Arbeitslosengeld**

☐ **Rente**

在本国因政见不同而遭受迫害逃到德国的人可以申请____________。

☐ 欢迎资金

☐ 避难权

☐ 失业金

☐ 退休金

**解析**：避难权

**知识拓展**：参见《基本法》第一章第十六 a 条：

Politisch Verfolgte genießen Asylrecht.

遭受政治迫害的人员享有避难权。

# Aufgabe 14

**Meinungsfreiheit in Deutschland heißt，dass ich...**

☐ **auf Flugblättern falsche Tatsachen behaupten darf.**

☐ **meine Meinung in Leserbriefen äußern kann.**

☐ **Nazi - Symbole tragen darf.**

☐ **meine Meinung sagen darf，solange ich der Regierung nicht widerspreche.**

在德国言论自由意味着，我可以____________。

☐ 在传单上发表歪曲事实的言论

☐ 在读者来信中发表自己的看法

☐ 佩戴纳粹标志

☐ 表述自己的观点，只要内容不反对政府

**解析**：在读者来信中发表自己的看法

**知识拓展**：参见《联邦德国基本法》第一章第五条：

Jeder hat das Recht，seine Meinung in Wort，Schrift und Bild frei zu äußern und zu verbreiten und sich aus allgemein zugänglichen Quellen ungehindert zu unterrichten.

人人享有以语言、文字和图画自由发表、传播其言论的权利并无阻碍地以通常途径了解信息的权利。

# Aufgabe 15

**Was verbietet das deutsche Grundgesetz?**

☐ **Militärdienst**

☐ **Zwangsarbeit**

☐ **freie Berufswahl**

☐ **Arbeit im Ausland**

德国《基本法》禁止__________。

☐ 服兵役

☐ 强制劳动

☐ 自由选择工作

☐ 在国外工作

**解析**：强制劳动

**知识拓展**：参见《联邦德国基本法》第一章第十二条：

(1) Alle Deutschen haben das Recht, Beruf, Arbeitsplatz und Ausbildungsstätte frei zu wählen.

所有德国人均有自由选择职业、工作岗位和培训场所的权利。

(2) Niemand darf zu einer bestimmten Arbeit gezwungen werden, außer im Rahmen einer herkömmlichen allgemeinen, für alle gleichen öffentlichen Dienstleistungspflicht.

除一般传统的、针对所有人员的公共服务义务之外，任何人不得受迫从事一定的劳动。

(3) Zwangsarbeit ist nur bei einer gerichtlichen angeordneten Freiheitsentziehung zulässig.

法院判决剥夺自由权利时，方可允许实行强制劳动。

# Aufgabe 16

**Wann ist die Meinungsfreiheit in Deutschland eingeschränkt?**

☐ **bei der öffentlichen Verbreitung falscher Behauptung über einzelne Personen.**

☐ **bei Meinungsäußerungen über die Bundesregierung**

☐ **bei Diskussionen über Religionen**

☐ **bei Kritik am Staat**

**在下面哪种情况下，言论自由是受限制的?**

☐ 公开传播针对个人的错误言论

☐ 针对联邦政府的言论

☐ 讨论宗教相关问题

☐ 针对国家的批评言论

解析：公开传播针对个人的错误言论

知识拓展：参见《联邦德国基本法》第一章第五条：

(1) Jeder hat das Recht，seine Meinung in Wort，Schrift und Bild frei zu äußern und zu verbreiten und sich aus allgemein zugänglichen Quellen ungehindert zu unterrichten.

人人享有以语言、文字和图画自由发表、传播其言论的权利并无阻碍地以通常途径了解信息的权利。

(2) Diese Rechte finden ihre Schranken in den Vorschriften der allgemeinen Gesetze，den gesetzlichen Bestimmungen zum Schutze der Jugend und in dem Recht der persönlichen Ehre.

一般法律和有关青少年保护以及个人名誉权的法律性规定对上述权利予以限制。

# Aufgabe 17

**Die deutschen Gesetze verbieten...**

☐ **Meinungsfreiheit der Einwohner und Einwohnerinnen.**

☐ **Petitionen der Bürger und Bürgerinnen.**

☐ **Versammlungsfreiheit der Einwohner und Einwohnerinnen.**

☐ **Ungleichbehandlung der Bürger und Bürgerinnen durch den Staat.**

**德国法律禁止____________。**

☐ 居民的言论自由

☐ 公民请愿

☐ 居民的集会自由

☐ 国家对公民区别对待

解析：国家对公民区别对待

知识拓展：参见《基本法》第三条：

(1) Alle Menschen sind vor dem Gesetz gleich.

法律面前人人平等。

(2) Männer und Frauen sind gleichberechtigt. Der Staat fördert die tatsächliche Durchsetzung der Gleichberechtigung von Frauen und Männern und wirkt auf die Beseitigung bestehender Nachteile hin.

男女权利平等。国家促进男女平等的实际执行并致力于消除现有不足之处。

(3) Niemand darf wegen seines Geschlechtes, seiner Abstammung, seiner Rasse, seiner Sprache, seiner Heimat und Herkunft, seines Glaubens, seiner religiösen oder politischen Anschauungen benachteiligt oder bevorzugt werden. Niemand darf wegen seiner Behinderung benachteiligt werden.

任何人不得因性别、出身、种族、语言、籍贯、血统、信仰、宗教或政治见解而受歧视或享特权。任何人不得因残障而受歧视。

# Aufgabe 18

**Welches Grundrecht ist in Artikel 1 des Grundgesetzes der Bundesrepublik Deutschland garantiert?**

☐ **die Unantastbarkeit der Menschenwürde**

☐ **das Recht auf Leben**

☐ **Religionsfreiheit**

☐ **Meinungsfreiheit**

**《联邦德国基本法》第一章第一条保障下列哪项基本权利?**

☐ **人的尊严不可侵犯**

☐ **生存权**

☐ **宗教自由**

☐ **言论自由**

**解析:** 人的尊严不可侵犯

**知识拓展:** 参见《基本法》第一章第一条:

(1) Die Würde des Menschen ist unantastbar. Sie zu achten und zu schützen ist Verpflichtung aller staatlichen Gewalt.

人的尊严不可侵犯。尊重并保障这一权利是所有国家权力机关的义务。

# Aufgabe 19

**Was versteht man unter dem Recht der „Freizügigkeit“ in Deutschland?**

□ **Man darf sich seinen Wohnort selbst aussuchen.**

□ **Man kann seinen Beruf wechseln.**

□ **Man darf sich für eine andere Religion entscheiden.**

□ **Man darf sich in der Öffentlichkeit nur leicht bekleidet bewegen.**

**基本权利中“Freizügigkeit”一词的含义是____________。**

□ **可以自己寻找居住地**

□ **可以换工作**

□ **可以信奉其他宗教**

□ **可以在公共场所只穿着很少的衣服**

**解析：**可以自己寻找居住地

**知识拓展：**参见《联邦德国基本法》第一章第十一条：

Alle Deutschen genießen Freizügigkeit im ganzen Bundesgebiet.

所有德国人在整个联邦领土内享有迁徙自由的权利。

# Aufgabe 20

**Eine Partei in Deutschland verfolgt das Ziel, eine Diktatur zu erreichen. Sie ist dann...**

□ **tolerant.**

□ **rechtsstaatlich orientiert.**

□ **gesetzestreu.**

□ **verfassungswidrig.**

**在德国，某政党谋求独裁，这个政党是____________。**

□ **可以容忍的**

□ **符合法治国家的**

☐ 忠于法律的

☐ 违反宪法的

**解析**：违反宪法的

**知识拓展**：参见《联邦德国基本法》第二章第二十一条：

（2）Parteien，die nach ihren Zielen oder nach dem Verhalten ihrer Anhänger darauf ausgehen，die freiheitliche demokratische Grundordnung zu beeinträchtigen oder zu beseitigen oder den Bestand der Bundesrepublik Deutschland zu gefährden，sind verfassungswidrig. Über die Frage der Verfassungswidrigkeit entscheidet das Bundesverfassungsgericht.

政党的党旨或党员的行为有意破坏或推翻自由和民主的基本秩序的，或有意危害德意志联邦共和国生存的，该政党属违反宪法。政党违宪由联邦宪法法院予以裁判。

# Aufgabe 21

**Die Landeshauptstadt von Bayern heißt...**

☐ **Ingolstadt**

☐ **Regensburg**

☐ **Nürnberg**

☐ **München**

巴伐利亚州的州府位于＿＿＿＿＿＿。

☐ 英戈尔施塔特

☐ 雷根斯堡

☐ 纽伦堡

☐ 慕尼黑

**解析**：慕尼黑

**知识拓展**：

**德国各州州府名称一览表**

| 州府名称 | 州政府 |
|---|---|
| Baden-Württemberg | Stuttgart |
| Bayern | München |
| Berlin | Berlin |
| Brandenburg | Potsdam |

续表

| 州府名称 | 州政府 |
|---|---|
| Bremen | Bremen |
| Hamburg | Hamburg |
| Hessen | Wiesbaden |
| Mecklenburg-Vorpommern | Schwerin |
| Niedersachsen | Hannover |
| Nordrhein-Westfalen | Düsseldorf |
| Rheinland-Pfalz | Mainz |
| Saarland | Saarbrücken |
| Sachsen | Dresden |
| Sachsen-Anhalt | Magdeburg |
| Schleswig-Holstein | Kiel |
| Thüringen | Erfurt |

# Aufgabe 22

**Was für eine Staatsform hat Deutschland?**

☐ **Monarchie**

☐ **Diktatur**

☐ **Republik**

☐ **Fürstentum**

德国的国家政体是____________。

☐ 君主制

☐ 专制

☐ 共和制

☐ 公国

**解析**：共和制

**知识拓展**：德国的全称是 Die Bundesrepublik Deutschland，即德意志联邦共和国；其政体是议会共和制；联邦总统为国家元首；联邦政府由联邦总理和联邦部长若干人组成，联邦总理为政府首脑。

# Aufgabe 23

**Wenn man in Deutschland ein bestimmtes Alter erreicht und aufhört zu arbeiten, was bekommt man dann meistens?**

☐ **Rente**

☐ **Gehalt**

☐ **nichts**

☐ **Ausbildungsgeld**

在德国，人们达到一定的年龄不再工作之后通常可以领取__________。

☐ 退休金

☐ 工资

☐ 什么也得不到

☐ 教育补贴

**解析**：退休金

**知识拓展**：德国有退休保险制度，保障了公民在达到法定退休年龄后可以领取一定数额的退休金。下面对德国的退休保险制度进行简单介绍。德国的退休保险制度（Altersvorsorge）分为三个层次。第一层：工作期间的法定退休保险（gesetzliche Rentenversicherung），依职业种类，法定退休保险区分成以下几个系统：公务员、职业军人、农林渔牧（德语称之为“大地产业”：Landwirtschaft）、专门职业（律师、公证人、会计师、税务师、医师、牙医、心理医师、兽医、建筑师等通过国家证照考试之高度专业领域）、文创业（文学、艺术、音乐、戏剧）。不属于以上行业的各行各业受雇人，则归属于一般法定退休保险。第二层：企业退休保险（betriebliche Altersversorgung），这是在法定退休保险之外，雇主额外提供给受雇人的养老保险，常作为吸引人才的“公司福利”，其形式主要有二：为员工购买商业年金保险或为员工购置基金或股票（但员工退休前不能动用）。第三层：个人养老（private Vorsorge），指每个人在上两层之外，用自己的资金准备的养老计划，例如人寿保险、证券投资基金、不动产，其中有些类型享有政府补助，以鼓励人民提早为老年自力储蓄，例如“李斯特退休年金”（Riester-Rente）、“吕路普退休年金”（Rürup-Rente）。

# Aufgabe 24

**Wie viele Bundesländer hat die Bundesrepublik Deutschland?**

☐ **14**

☐ **15**

☐ **16**

☐ **17**

**德意志联邦共和国由几个州组成？**

☐ **14**

☐ **15**

☐ **16**

☐ **17**

**解析**：16

**知识拓展**：德国被划分为16个“联邦州”(Bundesland)：

巴登-符腾堡州(Baden-Württemberg)、巴伐利亚州(Bayern)、柏林(Berlin)、勃兰登堡州(Brandenburg)、不来梅(Bremen)、汉堡(Hamburg)、黑森州(Hessen)、梅克伦堡-前波美拉尼亚州(Mecklenburg-Vorpommern)、下萨克森州(Niedersachsen)、北莱茵-威斯特法伦州(Nordrhein-Westfalen)、莱茵兰-普法尔茨州(Rheinland-Pfalz)、萨尔州(Saarland)、萨克森州(Sachsen)、萨克森-安哈尔特州(Sachsen-Anhalt)、石勒苏益格-荷尔斯泰因州(Schleswig-Holstein)、图林根州(Thüringen)。其中有三个是“城市州”(Stadtstaat)，即柏林、不来梅和汉堡。

# Aufgabe 25

**Die Bundesrepublik Deutschland besteht aus...**

☐ **12 Bezirken.**

☐ **16 Bundesländern.**

☐ **einem Oststaat und einem Weststaat**

☐ **16 Freistaaten**

德意志联邦共和国是由＿＿＿＿＿＿构成的。

☐ **12 个地区**

☐ **16 个联邦州**

☐ **一个东部国家和一个西部国家**

☐ **16 个共和国**

**解析**：16 个联邦州

**知识拓展**：德国是一个由 16 个联邦州组成的国家，各州名称详见第 24 题。

# Aufgabe 26

**Deutschland ist...**

☐ **eine kommunistische Republik.**

☐ **ein demokratischer und sozialer Bundesstaat.**

☐ **eine kapitalistische und soziale Monarchie**

☐ **ein sozialer und sozialistischer Bundesstaat.**

德国是一个＿＿＿＿＿＿。

☐ **共产主义国家**

☐ **奉行民主和社会福利的联邦制国家**

☐ **奉行资本主义和社会福利的君主制国家**

☐ **奉行社会福利和社会主义的联邦制国家**

**解析**：奉行民主和社会福利的联邦制国家

**知识拓展**：参见《基本法》第二章第二十条：

(1) Die Bundesrepublik Deutschland ist ein demokratischer und sozialer Bundesstaat.
德意志联邦共和国是一个奉行民主和社会福利的联邦制国家。

# Aufgabe 27

**Welches Wappen gehört zum Bundesland Berlin?**

1  2  3  4 

- ☐ 1
- ☐ 2
- ☐ 3
- ☐ 4

下列哪个徽章是联邦州柏林的州徽？

- ☐ 1
- ☐ 2
- ☐ 3
- ☐ 4

**解析**：4

**知识拓展**：图一是黑森州（Hessen）；图二是莱茵兰-普法尔茨（Rheinland-Pfalz）；图三是巴伐利亚州（Bayern）。

# Aufgabe 28

**Wer wählt in Deutschland die Abgeordneten zum Bundestag?**

- ☐ **das Militär**
- ☐ **die Wirtschaft**
- ☐ **das wahlberechtigte Volk**
- ☐ **die Verwaltung**

在德国，由____________选举议员进入德国联邦议院。

- ☐ 军队
- ☐ 经济界
- ☐ 拥有选举权的人
- ☐ 行政部门

**解析**：拥有选举权的人

**知识拓展**：参见《联邦德国基本法》第三章第三十八条：

（1） Die Abgeordneten des Deutschen Bundestages werden in allgemeiner, unmittelbarer, freier, gleicher und geheimer Wahl gewählt. Sie sind Vertreter des ganzen Volkes, an Aufträge und Weisungen nicht gebunden und nur ihrem Gewissen unterworfen.

德国联邦议院的议员由普通、直接、自由、平等和无记名的选举产生。他们是全体人民的代表，不受委托和指令的约束，只基于其良心任职。

(2) Wahlberechtigt ist, wer das achtzehnte Lebensjahr vollendet hat; wählbar ist, wer das Alter erreicht hat, mit dem die Volljährigkeit eintritt.

年满十八周岁者享有选举权；达到成年人年龄者享有被选举权。

# Aufgabe 29

**Welches Tier ist das Wappentier der Bundesrepublik Deutschland?**

☐ **Löwe**

☐ **Adler**

☐ **Bär**

☐ **Pferd**

德意志联邦共和国国徽上的动物是＿＿＿＿＿＿。

☐ 狮子

☐ 鹰

☐ 熊

☐ 马

解析：鹰

知识拓展：参见第 21 题。

# Aufgabe 30

**Was ist kein Merkmal unserer Demokratie?**

☐ **regelmäßige Wahlen**

☐ **Pressezensur**

☐ **Meinungsfreiheit**

☐ **verschiedene Parteien**

下列哪项不符合民主的特征?

☐ 定期选举

☐ 新闻审查

☐ 言论自由

☐ 不同政党并存

**解析**:新闻审查

**知识拓展**:德国《基本法》规定出版自由,不得设立审查制度。

参见《基本法》第一章第五条:

(1) Die Pressefreiheit und die Freiheit der Berichterstattung durch Rundfunk und Film werden gewährleistet. Eine Zensur findet nicht statt.

保障出版自由以及通过广播和影片进行报道的自由。不得设立审查制度。

# Aufgabe 31

**Die Zusammenarbeit von Parteien zur Bildung einer Regierung nennt man in Deutschland...**

☐ **Einheit**

☐ **Koalition**

☐ **Ministerium**

☐ **Fraktion**

**在德国不同政党组成政府协同工作,这被称为________。**

☐ 统一

☐ 联合政府

☐ 部

☐ 议会党团

**解析**:联合政府

**知识拓展**:由两个或者两个以上政党联合执政,这样的政府叫做联合政府。德国实行多党制。但自20世纪50年代中期以来,在大选中能获得议席的政党主要是基督教民主联盟-基督教社会联盟、社会民主党和自由民主党。根据选举法规定,在全国没有获得5%的选票或直接取得3个席位的政党不能进入联邦议院,这无疑加强了大党的地位,排斥了众多小党。联邦德国的执政党必须在议会中占有半数以上的多数席位,通常是两个政党联合组织政府。60年代以来,主要是由基督教民主联盟-基督教社会联盟与社会民主党轮流组织政府,自由民主党只是作为两大党的联盟角色。

## Aufgabe 32

**Was ist keine staatliche Gewalt in Deutschland?**

- ☐ **Gesetzgebung**
- ☐ **Regierung**
- ☐ **Presse**
- ☐ **Rechtsprechung**

**下列哪项不属于德国的国家权力?**

- ☐ **立法**
- ☐ **行政**
- ☐ **新闻**
- ☐ **司法**

**解析**: 新闻

**知识拓展**: 参见《基本法》第二章第二十条:

(2) Alle Staatsgewalt geht vom Volke aus. Sie wird vom Volke in Wahlen und Abstimmungen und durch besondere Organe der Gesetzgebung, der vollziehenden Gewalt und der Rechtsprechung ausgeübt.

所有国家权力来自人民。通过公民选举和投票并以立法、行政和司法机关行使国家权力。

前文已经提到《基本法》第五条的规定:保障新闻出版自由和广播、电视、电影的报道自由,对此不得进行内容审查,所以新闻不属于国家权力。

## Aufgabe 33

**Welche Aussage ist richtig? In Deutschland...**

- ☐ **sind Staat und Religionsgemeinschaften voneinander getrennt.**
- ☐ **bilden die Religionsgemeinschaften den Staat.**
- ☐ **ist der Staat abhängig von den Religionsgemeinschaften.**
- ☐ **bilden Staat und Religionsgemeinschaften eine Einheit.**

下列哪项论述是正确的？在德国＿＿＿＿＿＿＿。

☐ 国家和宗教团体相互独立

☐ 国家是由宗教团体构成的

☐ 国家依赖宗教团体

☐ 国家和宗教团体是统一的

**解析**：国家和宗教团体相互独立

# Aufgabe 34

**Was ist Deutschland nicht?**

☐ **eine Demokratie**

☐ **ein Rechtsstaat**

☐ **eine Monarchie**

☐ **ein Sozialstaat**

下列哪项不符合德国国情？

☐ 民主

☐ 法治

☐ 君主制

☐ 社会福利

**解析**：君主制

**知识拓展**：德国现存的政体并不是君主制，而是议会共和制。设立联邦议会、联邦政府和联邦司法机关，分别行使立法权、行政权和司法权，相互制衡。联邦总统为虚位国家元首，不是联邦政府的成员，不拥有实际行政权力。联邦议会为德国的最高立法机关，由联邦议院和联邦参议院组成。联邦政府由联邦总理和联邦部长若干人组成，对所有联邦内政、外交、国防、财政、经济和社会各方面的事务作出决策并进行管理，联邦总理为政府首脑。

# Aufgabe 35

**Womit finanziert der deutsche Staat die Sozialversicherung?**

☐ **Kirchensteuern**
☐ **Sozialabgaben**
☐ **Spendengeldern**
☐ **Vereinsbeiträgen**

**德国政府依靠____________承担社会保险的费用。**

☐ **教会税收**
☐ **税款**
☐ **社会捐赠**
☐ **社团团费**

**解析**：税款

**知识拓展**：在德国社会保障法律制度中，社会保障资金由个人、企业和国家三方共同负担。具体而言，各项保险费由雇主和雇员各负担50%，当保险费开支入不敷出时，由国家财政预拨付；而国家财政主要来自企业和个人等缴纳的税款。

# Aufgabe 36

**Welche Maßnahme schafft in Deutschland soziale Sicherheit?**

☐ **die Krankenversicherung**
☐ **die Autoversicherung**
☐ **die Gebäudeversicherung**
☐ **die Haftpflichtversicherung**

**在德国，下列哪项举措是保障社会稳定的？**

☐ **医疗保险**
☐ **汽车保险**
☐ **建筑保险**
☐ **责任保险**

**解析**：医疗保险

**知识拓展**：德国社会稳定的一个重要的因素是其健全的社会保障体系，而社会保险是其社会保障制度的重要组成部分。社会保险由养老保险、失业保险、医疗保险、护理保险和工伤事故保险五项法定险种组成。在德国，社会保险是国家为有参保义务的个人设立的一种保障体制，是建立在法律基础上的一种义务保险。下面对这几种社会保险进行简单介绍：

1. 失业保险（Arbeitslosenversicherung）

失业保险是强制性保险，所有被雇佣的就业人员，如工人、职员和培训人员都应参加此类保险，但官员、服兵役者或者 65 岁以上人员不需参加。从 2006 年 2 月 1 日起，从事照顾家属、个体经营或者不在欧盟从业的人员可以自愿选择是否继续参加失业保险。

2. 医疗保险(Krankenversicherung)

医疗保险是强制性保险，所有雇员、培训人员、失业者、农场主及其家属、艺术家、残疾人员、大学生、实习人员以及退休人员均应参加法定医疗保险。

3. 护理保险(Pflegeversicherung)

护理保险属于强制性保险，所有参加法定医疗保险的人员都必须参加社会护理保险，即实行"护理保险跟随医疗保险"的原则，参加私人医疗保险人员应当参加私人护理保险。德国有 200 万人口由于身体和精神缺陷，丧失自理能力，依赖别人的照顾和帮助。

4. 养老保险(Rentenversicherung)

养老保险是法定保险，所有雇员、培训人员、部分个体经营者、教师、艺术家、服役人员、非商业护理人员、领取救济人员和残疾人都必须参加法定养老保险。官员和月收入少于 400 欧元的低收入者不需参加此保险。法定养老保险奉行"人人为我，我为人人"的团结互助原则，主要由法定参保人和雇主支付的保费、联邦的补贴和保险公司的其他收入组成。养老保险的主要功能是向退休人员支付养老金，同时也负责向低就业能力人员和死者家属支付抚恤金。同时，它还承担帮助参保人在身体或技能上恢复劳动能力的任务。

5. 工伤事故保险(Arbeitsunfallversicherung)

工伤事故保险主要是对参保人在工作场所或上下班途中遭遇意外事故，或者患有职业病时进行保护，法律规定参加保险的人员包括雇员、职员、务农人员及家属、学生或托儿所的孩子、在残疾工厂工作的残疾人、事故志愿者、灾害志愿者、血液/器官捐献者、家政人员、非商业用途的建筑帮助者、承担官方机构荣誉职务者、法庭的证人、失业人员、囚犯、发展援助人员以及自愿参加的企业主。工伤事故保险是由雇主全额承担保费的强制性保险。

# Aufgabe 37

**Wie werden die Regierungschefs / Regierungschefinnen der meisten Bundesländer in Deutschland genannt?**

- ☐ **Erster Minister / Erste Ministerin**
- ☐ **Premierminister / Premierministerin**
- ☐ **Senator / Senatorin**

☐ **Ministerpräsident / Ministerpräsidentin**

在德国，联邦州的政府首脑通常被称为__________。

☐ 首席部长

☐ 首相

☐ (柏林州、不来梅州和汉堡州的)州政府委员

☐ 州长

解析：州长

## Aufgabe 38

**Die Bundesrepublik Deutschland ist ein demokratischer und sozialer...**

☐ **Staatenverbund.**

☐ **Bundesstaat.**

☐ **Staatenbund.**

☐ **Zentralstaat**

德意志联邦共和国是一个民主的、社会福利的__________。

☐ 联合国家

☐ 联邦制国家

☐ 邦联

☐ 中央集权国家

解析：联邦制国家

知识拓展：参见《联邦德国基本法》第二章第二十条：

(1) Die Bundesrepublik Deutschland ist ein demokratischer und sozialer Bundesstaat.

德意志联邦共和国是民主的和社会福利的联邦制国家。

## Aufgabe 39

**Was hat jedes deutsche Bundesland?**

☐ **einen eigenen Außenminister / eine eigene Außenministerin**

☐ **eine eigene Währung**

☐ **eine eigene Armee**

☐ **eine eigene Regierung**

**德国每个联邦州拥有＿＿＿＿＿＿。**

☐ **自己的外交部长**

☐ **自己的货币**

☐ **自己的军队**

☐ **自己的政府**

**解析：**自己的政府

**知识拓展：**参见《基本法》第二章第三十二条：

（1）Die Pflege der Beziehungen zu auswärtigen Staaten ist Sache des Bundes.

外交关系属联邦职责。因此，只有联邦才能有外交部长，各州不能有自己的外交部长。

《基本法》第八章第八十七 a 条：

（1）Der Bund stellt Streitkräfte zur Verteidigung auf. Ihre zahlenmäßige Stärke und die Grundzüge ihrer Organisation müssen sich aus dem Haushaltsplan ergeben.

联邦为防御而建立武装部队。预算计划中必须载明武装部队的数量及其组织规模的基本情况，各州不能有自己的军队。

《基本法》第八章第八十八条：

Der Bund errichtet eine Währungs- und Notenbank als Bundesbank. Ihre Aufgaben und Befugnisse können im Rahmen der Europäischen Union der Europäischen Zentralbank übertragen werden, die unabhängig ist und dem vorrangigen Ziel der Sicherung der Preisstabilität verpflichtet.

联邦设立一个管理货币和发行纸币的联邦银行。联邦银行的任务和职权在欧洲联盟范围内可转移给独立的、负有稳定物价这一首要义务的欧洲中央银行，所以货币是统一的，各州并没有自己的货币。

# Aufgabe 40

**Mit welchen Worten beginnt die deutsche Nationalhymne?**

☐ **Völker，hört die Signale...**

☐ **Einigkeit und Recht und Freiheit...**

☐ **Freude schöner Götterfunken...**

☐ **Deutschland einig Vaterland...**

**德国国歌的第一句歌词是＿＿＿＿＿＿。**

☐ **人民，听那号角声……**

☐ **统一，法权与自由……**

☐ **美好的神赐之物的快乐……**

☐ **德国统一的祖国……**

**解析**：统一，法权与自由

**知识拓展**：《德意志之歌》(Das Deutschlandlied)或《德国人之歌》(Das Lied der Deutschen)是德意志联邦共和国的现行国歌，曲子由著名的古典音乐家海顿谱于1797年，歌词为自由主义诗人奥古斯特·海因利希·霍夫曼·冯·法勒斯雷本教授(Prof. August H. H. von Fallersleben，1798—1874年)作于1841年。1922年全部词曲被魏玛共和国第一任总统弗里德里希·艾伯特首次定为德国国歌。

第二次世界大战后的1952年，在联邦总统特奥多尔·豪斯和联邦总理阿登纳之间的一次通信中，联邦德国政府定此曲为国歌，但除了第三段歌词统一、法制和自由(Einigkeit und Recht und Freiheit)之外，其余几段歌词可能会引起争议，未被采用为官方版歌词。1991年8月19日，联邦总统魏茨泽克和联邦总理科尔在通信中确认了《德意志之歌》对统一德国的传统意义。《德意志之歌》被正式确认为统一后德国的联邦国歌。

第一段

Deutschland, Deutschland über alles,
über alles in der Welt,
Wenn es stets zu Schutz und Trutze
Brüderlich zusammenhält!
Von der Maas bis an die Memel,
Von der Etsch bis an den Belt:

第二段

Deutsche Frauen, Deutsche Treue,
Deutscher Wein und Deutscher Sang
Sollen in der Welt behalten
Ihren alten schönen Klang,
Uns zu edler Tat begeistern
Unser ganzes Leben lang:

第三段(德国现用歌词)

Einigkeit und Recht und Freiheit
Für das Deutsche Vaterland!
Danach lasst uns alle streben
Brüderlich mit Herz und Hand!
Einigkeit und Recht und Freiheit
Sind des Glückes Unterpfand;
…

# Aufgabe 41

**Warum gibt es in einer Demokratie mehr als eine Partei?**

☐ **weil dadurch die unterschiedlichen Meinungen der Bürger und Bürgerinnen vertreten werden**

☐ **damit Bestechung in der Politik begrenzt wird**

☐ **um politische Demonstrationen zu verhindern**

☐ **um wirtschaftlichen Wettbewerb anzuregen**

民主国家存在不只一个政党，原因是________。

☐ 不同的政党可以代表公民的不同政见

☐ 可以限制政治上的腐败

☐ 为了阻止政治游行

☐ 为了促进经济竞争力的增强

**解析**：不同的政党可以代表公民的不同政见

**知识拓展**：参见《基本法》第二章第二十一条：

（1）Die Parteien wirken bei der politischen Willensbildung des Volkes mit. Ihre Gründung ist frei. Ihre innere Ordnung muß demokratischen Grundsätzen entsprechen. Sie müssen über die Herkunft und Verwendung ihrer Mittel sowie über ihr Vermögen öffentlich Rechenschaft geben.

政党参与人民政治意志决策的形成。政党的建立是自由的。政党的内部秩序必须符合民主原则。政党必须公开说明其经费来源和使用情况以及财产状况。

# Aufgabe 42

**Wer beschließt in Deutschland ein neues Gesetz?**

☐ **die Regierung**

☐ **das Parlament**

☐ **die Gerichte**

☐ **die Polizei**

在德国，新法律由＿＿＿＿＿通过。

☐ 政府

☐ 议会

☐ 法院

☐ 警察

解析：议会

知识拓展：参见《基本法》第七章第七十七条：

（1）Die Bundesgesetze werden vom Bundestage beschlossen.

联邦法律由联邦议院会议决议通过。

# Aufgabe 43

**Wann kann in Deutschland eine Partei verboten werden?**

☐ **wenn ihr Wahlkampf zu teuer ist.**

☐ **wenn sie gegen die Verfassung kämpft.**

☐ **wenn sie Kritik gegen das Staatsoberhaupt äußert.**

☐ **wenn ihr Programm eine neue Richtung vorschlägt.**

在下列哪种情况下政党会被禁止？

☐ 如果他们的竞选费用过高。

☐ 如果政党反对宪法。

☐ 如果政党发表对国家最高元首的批评言论。

☐ 如果政党的纲领提议新的方向。

解析：如果政党反对宪法

知识拓展：参见《联邦德国基本法》第二章第二十条：

（2）Parteien, die nach ihren Zielen oder nach dem Verhalten ihrer Anhänger darauf ausgehen, die freiheitliche demokratische Grundordnung zu beeinträchtigen oder zu beseitigen oder den Bestand der Bundesrepublik Deutschland zu gefährden, sind verfassungswidrig. Über die Frage der Verfassungswidrigkeit entscheidet das Bundesverfassungsgericht.

政党党旨或党员行为有意破坏或推翻自由和民主的基本秩序，或有意危害德意志联邦共和国的生存的，该政党属违反宪法。政党违宪由联邦宪法法院予以裁判。

# Aufgabe 44

**Wen kann man als Bürger / Bürgerin in Deutschland nicht direkt wählen?**

☐ **Abgeordnete des EU-Parlaments**

☐ **den Bundespräsidenten / Bundespräsidentin**

☐ **Landtagsabgeordnete**

☐ **Bundestagsabgeordnete**

**在德国，公民不能直接选举__________。**

☐ **欧盟议会的议员**

☐ **联邦政府总统**

☐ **联邦州议会的议员**

☐ **联邦议会的议员**

**解析**：联邦政府总统

**知识拓展**：关于欧洲议会议员的选举：欧洲议会是欧盟三大机构(欧盟理事会、欧盟委员会、欧洲议会)之一，为欧盟的立法、监督和咨询机构，其地位和作用及参与决策的权力正在逐步扩大。欧洲议会议员(Member of the European Parliament，简称为MEP)是欧洲议会最基本的组成单位，1979年直选之前，欧洲议会由成员国议会任命的代表组成。欧洲议会议员在本质上拥有“双重职务”，即同时担任欧洲议会和本国议会的议员。1979年之后，欧洲议会由直接选举出的代表组成，欧盟各成员国根据比例配额选举出本国的欧洲议会议员。欧洲议会是唯一由直选产生的欧盟机构。选举每5年举行一次，通常被称为“欧洲选举”。

关于联邦政府总统的选举：《基本法》第五章第五十四条：

(1) Der Bundespräsident wird ohne Aussprache von der Bundesversammlung gewählt. Wählbar ist jeder Deutsche, der das Wahlrecht zum Bundestage besitzt und das vierzigste Lebensjahr vollendet hat.

联邦总统由联邦大会不经讨论而选举产生。凡年满40周岁并享有联邦议院选举权的德国人均可参选。

(3) Die Bundesversammlung besteht aus den Mitgliedern des Bundestages und einer gleichen Anzahl von Mitgliedern, die von den Volksvertretungen der Länder nach den Grundsätzen der Verhältniswahl gewählt werden.

联邦大会由联邦议院议员和同等数量的由各州议会机构根据比例选举原则选举产生的州议员组成。

关于联邦州议会议员的选举：参见《基本法》第二章第二十八条：

（1）Die verfassungsmäßige Ordnung in den Ländern muß den Grundsätzen des republikanischen, demokratischen und sozialen Rechtsstaates im Sinne dieses Grundgesetzes entsprechen. In den Ländern, Kreisen und Gemeinden muß das Volk eine Vertretung haben, die aus allgemeinen, unmittelbaren, freien, gleichen und geheimen Wahlen hervorgegangen ist. Bei Wahlen in Kreisen und Gemeinden sind auch Personen, die die Staatsangehörigkeit eines Mitgliedstaates der Europäischen Gemeinschaft besitzen, nach Maßgabe von Recht der Europäischen Gemeinschaft wahlberechtigt und wählbar. In Gemeinden kann an die Stelle einer gewählten Körperschaft die Gemeindeversammlung treten.

各州宪法制度必须符合本《基本法》规定的共和、民主、社会福利和法治国家原则。在州、县和乡镇中，必须通过普遍、直接、自由、平等和无记名方式选举产生人民代表机构。在乡镇可由乡镇大会取代人民代表机构。

关于联邦议会议员的选举：参见《基本法》第三章第三十八条：

（1）Die Abgeordneten des Deutschen Bundestages werden in allgemeiner, unmittelbarer, freier, gleicher und geheimer Wahl gewählt. Sie sind Vertreter des ganzen Volkes, an Aufträge und Weisungen nicht gebunden und nur ihrem Gewissen unterworfen.

德国联邦议院的议员由普遍、直接、自由、平等和无记名的选举产生。他们是全体人民的代表，不受委托和指令的约束，只基于其良心任职。

综上所述，德国公民不能直接选举联邦政府总统。

# Aufgabe 45

**Zu welcher Versicherung gehört die Pflegeversicherung?**

☐ **Sozialversicherung**

☐ **Unfallversicherung**

☐ **Hausratsversicherung**

☐ **Haftpflicht- und Feuerversicherung**

护理险属于__________。

☐ 社会保险

☐ 交通保险

☐ 家庭财产保险

☐ 责任保险和火险

解析：社会保险

**知识拓展**：Neben der Krank-，Renten-，Arbeitslosen- und Unfallversicherung bildet die Pflegeversicherung，die erst 1995 eingeführt worden ist，die „fünfte Säule“ im sozialen Sicherungssystem der BRD.

Das Pflegeversicherungsgesetz hilft Millionen von Pflegebedürftigen Bundesbürgern.

护理险于 1995 年被引入德国的社会保险范畴内，主要是帮助国内数以百万计需要照顾的人群。

# Aufgabe 46

**Der deutsche Staat hat viele Aufgaben. Welche Aufgabe gehört dazu?**

☐ **Er baut Straßen und Schulen.**

☐ **Er verkauft Lebensmittel und Kleidung.**

☐ **Er versorgt alle Einwohner und Einwohnerinnen kostenlos mit Zeitungen.**

☐ **Er produziert Autos und Busse.**

**在德国，下列哪项属于国家的任务？**

☐ **修建公路和学校**

☐ **销售食品和衣服**

☐ **为所有的居民无偿提供报纸**

☐ **生产小汽车和巴士**

**解析**：修建公路和学校

**知识拓展**：在德国，公路的建设完全由政府出钱，主要从联邦财政支付。德国是一个联邦制国家，教育属州级事务，因此公立大学由各州的财政负担，联邦也给予部分补贴。大学支出的每一分钱都来自政府，包括教学和科研人员的薪酬、校舍的建筑和维护、大学日常行政开支、学生补贴、免费上网、图书馆大量的书籍等。

# Aufgabe 47

**Der deutsche Staat hat viele Aufgaben. Welche Aufgabe gehört <u>nicht</u> dazu?**

☐ **Er bezahlt für alle Staatsangehörigen Urlaubsreisen.**

☐ **Er zahlt Kindergeld.**

☐ **Er unterstützt Museen.**

☐ **Er fördert Sportler und Sportlerinnen**

**在德国，下列哪项<u>不属于</u>国家的任务？**

☐ **为所有的德国公民支付度假费用**

☐ **支付子女补贴费**

☐ **资助博物馆**

☐ **资助运动员**

**解析：**为所有的德国公民支付度假费用

**知识拓展：**德国每个孩子都有子女补贴费，俗称“儿童金”（Kindergeld）。德国政府为鼓励生育，颁布了《联邦子女补贴金法》，该法规定：凡德国籍、持有德国永久居留签证及工作签证者的子女均有权享受儿童补贴。在德国出生的新生儿从出生之月开始算起，而外国移民来的儿童则从入境德国的当月开始算起。儿童补贴金是按月领取的，具体金额如下：第一个孩子 184 欧元，第二个孩子 184 欧元，第三个孩子 190 欧元，第四个以及以后的孩子 215 欧元。所有孩子都能领取到 18 岁。18 岁后继续读书可领取到 25 岁。18 岁后如果不读书但也没有就业，可以领取到 21 岁。18 岁以上的孩子，如果收入超过每年 7 680 欧元，则不能再领取德国儿童金。

德国人一直认为，博物馆是社会公益性文化事业，任何时候都不能忽视文化产品的精神属性和教育使命，因此政府每年都拿出大量资金支持包括博物馆在内的文化事业。德国政府对博物馆的资助主要依托基金会管理、公共组织、商业公司和联合会管理四种组织形式。

德国很少有专职运动员，许多运动员在训练的同时有一份专职工作。此外国家也会设立如德国体育援助基金会等组织对运动员进行一定程度上的资助。

## Aufgabe 48

**Welches Organ gehört <u>nicht</u> zu den Verfassungsorganen Deutschlands?**

☐ **der Bundesrat**

☐ **der Bundespräsident / die Bundespräsidentin**

☐ **die Bürgerversammlung**

☐ **die Regierung**

**下列哪个机构<u>不属于</u>德国的宪法机构？**

☐ **联邦参议院**

☐ **联邦总统**

☐ **全体公民大会**

☐ 政府

**解析**：全体公民大会

**知识拓展**：根据德国《基本法》，公民集会属于基本权利，并不属于德国的宪法机构。

参见《基本法》第一章第八条：

（1）Alle Deutschen haben das Recht，sich ohne Anmeldung oder Erlaubnis friedlich und ohne Waffen zu versammeln.

所有德国人均享有不携带武器进行和平集会的权利，集会无需事先通告或批准。

（2）Für Versammlungen unter freiem Himmel kann dieses Recht durch Gesetz oder auf Grund eines Gesetzes beschränkt werden.

对于露天集会的权利，可制定法律或根据法律予以限制。

# Aufgabe 49

**Wer bestimmt in Deutschland die Schulpolitik?**

☐ **die Lehrer und Lehrerinnen**

☐ **die Bundesländer**

☐ **das Familienministerium**

☐ **die Universitäten**

**在德国，教育政策由__________制定。**

☐ **教师**

☐ **联邦州**

☐ **家庭部**

☐ **大学**

**解析**：联邦州

**知识拓展**：在德国，各州的立法权由《基本法》来明确。通常联邦的立法权限涉及国防、外交、海关、邮政以及税收等整个联邦利益领域，但是文化教育事业的立法和行政权限归各州，即所谓的各州享有“文化主权”。各州主司教育事业的政府部门名称不一，如“教育部”、“教科部”、“文教部”或“科学艺术部”等。联邦虽然也设有教育科学研究技术部，但其权限主要在于企业职业教育立法、高等教育原则立法、学习资助和促进科研及高校建设等方面。

## Aufgabe 50

**Die Wirtschaftsform in Deutschland nennt man...**

☐ **freie Zentralwirtschaft**

☐ **soziale Marktwirtschaft**

☐ **gelenkte Zentralwirtschaft**

☐ **Planwirtschaft**

**德国的经济形式是____________。**

☐ **自由的**

☐ **社会市场经济**

☐ **被引导的中央集权经济**

☐ **计划经济**

**解析**：社会市场经济

**知识拓展**：社会市场经济的基本含义和理想目标是在资本主义私有制的基础上，鼓励和发展自由竞争的市场经济，同时通过各种经济立法和经济政策等政府干预措施，来防止市场自由竞争可能引起的垄断、贫富分化和经济社会的无政府状态，以便达到经济的持续、均衡发展，币值稳定，充分就业和国际收支平衡，实现大众福利。

就“社会市场经济”范畴而言，“市场”与“社会”是社会市场经济模式的两大支柱："市场"指市场经济，“社会”指社会保障，在这二者的关系中，前者为主，后者为辅，但二者彼此又相互制约。为了加速战后经济的恢复，德国一直以来都非常重视政府在经济中的作用，所以这种模式实际上是一种以私有制为基础的国家宏观控制的市场经济。

## Aufgabe 51

**Zu einem demokratischen Rechtsstaat gehört es nicht, dass...**

☐ **Menschen sich kritisch über die Regierung äußern können.**

☐ **Bürger friedlich demonstrieren gehen dürfen.**

☐ **Menschen von einer Privatpolizei ohne Grund verhaftet werden.**

☐ **jemand ein Verbrechen begeht und deshalb verhaftet wird.**

下列哪项不符合民主的法治国家？

☐ 人们可以发表针对政府的批评言论。

☐ 允许公民进行和平的游行示威活动。

☐ 某人无故被秘密警察拘捕。

☐ 有人因犯罪而被拘捕。

**解析**：某人无故被秘密警察拘捕

**知识拓展**：德国《基本法》保障人身自由，参见《基本法》第一章第二条：

（2）Jeder hat das Recht auf Leben und körperliche Unversehrtheit. Die Freiheit der Person ist unverletzlich. In diese Rechte darf nur auf Grund eines Gesetzes eingegriffen werden.

人人享有生命和身体不受侵犯的权利。人身自由不可侵犯。只有依据法律才能对此类权利予以干涉。因此，无故被秘密警察拘捕是违反宪法的。

# Aufgabe 52

**Was bedeutet „Volkssouveränität" ? Alle Staatsgewalt geht vom...**

☐ **Volke aus.**

☐ **Bundestag aus.**

☐ **preußischen König aus.**

☐ **Bundesverfassungsgericht aus.**

**"Volkssouveränität"的含义是什么？所有国家权力来自____________。**

☐ 人民

☐ 联邦议院

☐ 普鲁士国王

☐ 联邦宪法法院

**解析**：人民

**知识拓展**：参见《联邦德国基本法》第二章第二十条：

（2）Alle Staatsgewalt geht vom Volke aus.

所有的国家权力来自人民。

# Aufgabe 53

**Was bedeutet „Rechtsstaat“ in Deutschland?**

- ☐ **Der Staat hat Recht.**
- ☐ **Es gibt nur rechte Parteien.**
- ☐ **Die Bürger und Bürgerinnen entscheiden über Gesetze.**
- ☐ **Der Staat muss die Grenze einhalten.**

**在德国，“法治国家”的含义是__________。**

- ☐ **国家是正确的**
- ☐ **只存在右翼政党**
- ☐ **公民决定法律**
- ☐ **整个国家必须遵守法律**

**解析**：整个国家必须遵守法律

**知识拓展**：“法治国家”(Rechtsstaat)这一概念据说起源于康德的一句名言：“国家是许多人以法律为根据的联合。”早期的法治国家是指中世纪欧洲的某种国家形式，尤其是德意志帝国，当时被认为是“和平与法律秩序的守卫者”，是现代意义上的法治国家。“法治国”，就其德文本意及康德的解释而言，指的是有法可依、依法治国的国家，或者说一个有法制的国家，其基本含义是必须依照法律行使国家权力，特别是行政权力，所以，法治国家有时又称“法治政府”。如今，在德国，一切国家机关及个人都应严格遵守法律，这是“法治国家”的基本含义。

# Aufgabe 54

**Was ist keine staatliche Gewalt in Deutschland?**

- ☐ **Legislative**
- ☐ **Judikative**
- ☐ **Exekutive**
- ☐ **Direktive**

**下列哪项不是德国的国家权力？**

☐ 立法
☐ 司法
☐ 行政
☐ 指示

**解析**：指示

**知识拓展**：德国的国家权力包括立法权、行政权和司法权，不包括指示权。

## Aufgabe 55

**Was zeigt dieses Bild?**

☐ **den Bundestagssitz in Berlin**
☐ **das Bundesverfassungsgericht in Karlsruhe**
☐ **das Bundestagsgebäude in Berlin**
☐ **das Bundeskanzleramt in Berlin**

**这幅图是____________。**

☐ **位于柏林的联邦议会大楼**
☐ **位于卡尔斯鲁的联邦宪法法院**
☐ **位于柏林的联邦参议院大楼**
☐ **位于柏林的联邦总理办公处**

**解析**：位于柏林的联邦议会大楼

**知识拓展**：Reichstagsgebäude，简称 Reichstag，德国国会大厦，是位于德国首都柏林米特区的一座建筑。1894—1933 年首先是德意志帝国的帝国议会，后来在魏玛共和国时期是共和国的议会会址。1933 年被火焚。“二战”后遭到废弃，民主德国在东柏林另建共和国宫以召开人民议会，联邦德国也在波恩开设联邦议院。20 世纪 60 年代该建筑被局部翻修，直到 1990 年 10 月 3 日两德统一的时候才得以完全修复，此时根据建筑设计师诺曼·福斯特的方案重建。从 1994 年开始每五年德国联邦大会在这里选举德国联邦总统。1999 年它开始成为德国联邦议院的会址。

## Aufgabe 56

**Welches Amt gehört in Deutschland zur Gemeindeverwaltung?**

☐ **Pfarramt**

☐ **Ordnungsamt**

☐ **Finanzamt**

☐ **Auswärtiges Amt**

在德国，下列哪个部门隶属于地区管理部门？

☐ 牧师室

☐ 安全部

☐ 税务局

☐ 外交部

解析：牧师室

知识拓展：根据《基本法》的相关规定，外交、安全、税务等涉及国家整体稳定及经济大局的方面由联邦进行管理。而在教育、文化等方面各州才享有比较高的自主权。

## Aufgabe 57

**Es gehört <u>nicht</u> zu den Aufgaben des deutschen Bundesrates...**

☐ **an der Verwaltung des Bundes mitzuwirken.**

☐ **die Interessen der Länder zu wahren.**

☐ **den Bundeskanzler / die Bundeskanzlerin zu wählen.**

☐ **an der Gesetzgebung des Bundes mitzuwirken.**

下列哪项<u>不属于</u>德国联邦参议院的工作？

□ 参与联邦的管理事务

□ 维护联邦州的利益

□ 选出联邦总理

□ 参与联邦的立法事务

**解析**：选出联邦总理

**知识拓展**：《基本法》第六章第六十三条对联邦总理的选举和任命做出如下规定：

(1) Der Bundeskanzler wird auf Vorschlag des Bundespräsidenten vom Bundestage ohne Aussprache gewählt.

联邦总理根据联邦总统提名，由联邦议院不经讨论而选举产生。

(2) Gewählt ist，wer die Stimmen der Mehrheit der Mitglieder des Bundestages auf sich vereinigt. Der Gewählte ist vom Bundespräsidenten zu ernennen.

获得联邦议院过半数票者当选为联邦总理。当选人必须由联邦总统任命。

(3) Wird der Vorgeschlagene nicht gewählt，so kann der Bundestag binnen vierzehn Tagen nach dem Wahlgange mit mehr als der Hälfte seiner Mitglieder einen Bundeskanzler wählen.

如提名人选未能当选，联邦议院可在选举程序后 14 日内以联邦议院议员多数票选举联邦总理。

(4) Kommt eine Wahl innerhalb dieser Frist nicht zustande，so findet unverzüglich ein neuer Wahlgang statt，in dem gewählt ist，wer die meisten Stimmen erhält. Vereinigt der Gewählte die Stimmen der Mehrheit der Mitglieder des Bundestages auf sich，so muß der Bundespräsident ihn binnen sieben Tagen nach der Wahl ernennen. Erreicht der Gewählte diese Mehrheit nicht，so hat der Bundespräsident binnen sieben Tagen entweder ihn zu ernennen oder den Bundestag aufzulösen.

如在上述期限内选举未成功，应立即进行重新选举。在重新选举中得票最多者即当选。当选人如获得联邦议院的过半数选票，联邦总统必须在选举后 7 日内予以任命。当选人没有获得过半数票时，联邦总统在 7 日内或对之予以任命，或解散联邦议院。

综上所述，联邦总理选举并不是联邦参议院的工作，而是联邦议院的工作。

# Aufgabe 58

**Wer ernennt in Deutschland die Minister / die Ministerinnen der Bundesregierung?**

□ **der Präsident / die Präsidentin des Bundesverfassungsgerichtes**

□ **der Bundespräsident / die Bundespräsidentin**

□ **der Bundesratspräsident / die Bundesratspräsidentin**

☐ **der Bundestagspräsident / die Bundestagspräsidentin**

在德国，由＿＿＿＿＿任命联邦各部部长。

☐ 联邦宪法法院的院长

☐ 联邦总统

☐ 联邦参议院的议长

☐ 联邦议院的议长

**解析**：联邦总统

**知识拓展**：参见《联邦德国基本法》第六章第六十四条：

（1） Die Bundesminister werden auf Vorschlag des Bundeskanzlers vom Bundespräsidenten ernannt und entlassen.

联邦各部部长由联邦总统根据联邦总理的提名予以任免。

# Aufgabe 59

**Welche Parteien wurden in Deutschland 2007 zur Partei „Die Linke"?**

☐ **CDU und SSW**

☐ **PDS und WASG**

☐ **CSU und FDP**

☐ **Bündnis 90/ Die Grünen und SPD**

＿＿＿＿＿政党在 2007 年组成"左翼党"。

☐ 基督教民主联盟和南什列斯威选民联盟

☐ 民主社会主义党和劳动和社会公平党

☐ 基督教社会联盟和德国自由民主党

☐ 联盟 90/绿党和社会民主党

**解析**：民主社会主义党和劳动和社会公平党

**知识拓展**：2007 年 6 月 16 日，由左翼党民主社会主义党（Demokratische Linke-PDS）和劳动与社会公平党（Wahlalternative Arbeit und Soziale Gerechtigkeit）合并组成德国左翼党（Die Linke）。目前左翼党在德国联邦议院 622 个席位中占有 76 席，在德国地方议会 1 890 个席位中占有 178 席，是德国第四大党；在欧洲议会中占有 8 个席位，是欧洲议会左翼党团(欧洲联合左派-北欧绿色左派)的中坚力量，坚持民主社会主义为其政治理念。

# Aufgabe 60

**In Deutschland gehören der Bundestag und der Bundesrat zur...**

□ **Exekutive**

□ **Legislative**

□ **Direktive**

□ **Judikative**

**在德国，联邦议院和联邦参议院属于__________。**

□ **行政**

□ **立法**

□ **指示**

□ **司法**

**解析**：立法

**知识拓展**：在德国，立法权由议会行使。联邦德国议会实行两院制，上院为联邦参议院，按各州人口比例由各州政府指派3~6名州政府成员组成(通常是各州的州长、财政部长、内政部长、司法部长、州驻联邦全权代表或同参议院所讨论的议题相关部的部长作为本州的代表担任联邦参议院议员)，共68名议员，无固定任期，其立法职权主要包括：提出法案，审议下院通过的法案，行使立法否决权。德国下院为联邦议院，由选民选举产生，本届议会共672名议员。联邦议院每届任期4年，其立法职权主要包括：提出和通过法案，监督法律的执行。在立法方面，德国总统负责签署并颁布法律、法令；解散联邦议会；任免国家高级官员。

而关于法律的决议，《基本法》做了如下规定：

《基本法》第七章第七十七条：

(1) Die Bundesgesetze werden vom Bundestage beschlossen. Sie sind nach ihrer Annahme durch den Präsidenten des Bundestages unverzüglich dem Bundesrate zuzuleiten.

联邦法律由联邦议院会议决议通过。通过后，联邦议院议长应立即送交联邦参议院。

(2) Der Bundesrat kann binnen drei Wochen nach Eingang des Gesetzesbeschlusses verlangen, daß ein aus Mitgliedern des Bundestages und des Bundesrates für die gemeinsame Beratung von Vorlagen gebildeter Ausschuß einberufen wird. Die Zusammensetzung und das Verfahren dieses Ausschusses regelt eine Geschäftsordnung, die vom Bundestag beschlossen

wird und der Zustimmung des Bundesrates bedarf. Die in diesen Ausschuß entsandten Mitglieder des Bundesrates sind nicht an Weisungen gebunden. Ist zu einem Gesetze die Zustimmung des Bundesrates erforderlich, so können auch der Bundestag und die Bundesregierung die Einberufung verlangen. Schlägt der Ausschuß eine Änderung des Gesetzesbeschlusses vor, so hat der Bundestag erneut Beschluß zu fassen.

联邦参议院在收到法律决议后 3 周内可要求召集由联邦议院议员和联邦参议院议员组成的委员会会议，以共同审议法律提案。该委员会的组成和审议程序由一项议事规则予以规定，该议事规则由联邦议院决议通过并取得联邦参议院的批准。被指派到该委员会工作的联邦参议院议员不受有关指令的约束。某项法律需取得联邦参议院批准的，联邦议院和联邦政府也可要求召集该委员会会议。该委员会建议对法律决议案进行修改时，联邦议院应重新做出决议。

根据上述规定可见，在德国立法工作需要联邦议院和联邦参议院合作完成，它们共同隶属于德国的立法机关。

# Aufgabe 61

**Was bedeutet „Volkssouveränität"？**

☐ **Der König / die Königin herrscht über das Volk.**

☐ **Das Bundesverfassungsgericht steht über der Verfassung.**

☐ **Die Interessenverbände üben die Souveränität zusammen mit der Regierung aus.**

☐ **Die Staatsgewalt geht vom Volke aus.**

**"Volkssouveränität"的含义是________。**

☐ **国王统治人民**

☐ **联邦宪法法院高于宪法**

☐ **利益集团同政府一同行使**

☐ **国家权力来自于人民**

**解析：**国家权力来自于人民

**知识拓展：**参见第 52 题。

## Aufgabe 62

**Wenn das Parlament eines deutschen Bundeslandes gewählt wird, nennt man das...**

□ **Kommunalwahl.**

□ **Landtagswahl.**

□ **Europawahl.**

□ **Bundestagswahl.**

德国联邦州内选举产生议会，被称做＿＿＿＿＿＿。

□ 地区选举

□ 州议院选举

□ 欧洲选举

□ 联邦议院选举

解析：州议院选举

## Aufgabe 63

**Was gehört in Deutschland nicht zur Exekutive?**

□ **die Polizei**

□ **die Gerichte**

□ **das Finanzamt**

□ **die Ministerien**

在德国，下列哪项不属于行政机关？

□ 警察

□ 法院

□ 税务局

□ 政府各部

解析：法院

知识拓展：参见《联邦德国基本法》第九章第九十二条：

Die rechtsprechende Gewalt ist den Richtern anvertraut; sie wird durch das Bundesverfassungsgericht, durch die in diesem Grundgesetze vorgesehenen Bundesgerichte und durch die Gerichte der Länder ausgeübt.

司法权委托法官行使。联邦宪法法院和本《基本法》规定的各联邦法院和各州法院行使司法权。因此，法院不是行政机关，而是司法机关。

# Aufgabe 64

**Die Bundesrepublik Deutschland ist heute gegliedert in...**

☐ **vier Besatzungszonen.**

☐ **einen Oststaat und einen Weststaat.**

☐ **16 Kantone**

☐ **Bund, Länder und Kommunen.**

**今天的德意志联邦共和国被划分为__________。**

☐ **四个占领区**

☐ **一个东部国家和一个西部国家**

☐ **16 个州**

☐ **联邦、州和地区**

**解析**：16 个州

各州州名参见第 24 题。

**知识拓展**：1945 年 5 月 8 日纳粹德国向盟军宣告无条件投降后，被盟军分别军事占领。盟军将德国分为四个占领区，分别归美、苏、英、法四国管制。其中，西柏林(分区占领)、汉堡市、下萨克森、北莱茵-维斯特法伦、石勒苏益格-荷尔斯泰因被英国占领；西柏林(分区占领)、巴登-符腾堡(分区占领)、莱茵兰-普法尔茨，萨尔被法国占领；西柏林(分区占领)、不来梅、巴登-符腾堡(分区占领)、巴伐利亚、黑森被美国占领；东柏林(分区占领)、布兰登堡、梅克伦堡-前波美拉尼亚、萨克森、萨克森-安哈尔特和图林根被苏联占领。盟军实施民主化、非军事化和非纳粹化。最初盟军曾计划通过盟国管制理事会统一对德国进行管理，但 1946—1947 年美英法和苏联关系破裂。1949 年 5 月 23 日由美、英、法占领区合并成立了德意志联邦共和国，即“联邦德国”，同年 10 月 7 日苏联占领区则成立德意志民主共和国，即“民主德国”。至此，盟军对德国的军事占领宣告结束，而德国则分裂成两个国家，在冷战中两德相互敌对，直到 1989 年柏林墙倒下，1990 年 10 月 3 日两德重新统一。

# Aufgabe 65

**Es gehört nicht zu den Aufgaben des deutschen Bundestages...**

☐ **die Gesetze zu entwerfen.**

☐ **die Bundesregierung zu kontrollieren.**

☐ **den Bundeskanzler zu wählen**

☐ **das Bundeskabinett zu bilden.**

下列哪项不属于联邦议院的工作？

☐ 起草法律

☐ 监督联邦政府

☐ 选举联邦总理

☐ 组建联邦内阁

**解析**：组建联邦内阁

**知识拓展**：在德国，组阁权是由联邦总理行使的，不是联邦议院的工作。

联邦内阁(Bundeskabinett/Bundesregierung)是德国主要的行政机构。联邦政府由联邦总理和联邦各部部长组成，对所有事关联邦内政、外交、国防、财政、经济和社会各方面的事务做出决策并进行管理。根据 1968 年通过的作为《基本法》补充的《紧急状态法》，政府在"非常时期"拥有独揽一切的大权。联邦总理是政府首脑和国家行政机关的最高领导人，由总统提名并经联邦议院全体大会选举产生，各部部长由总理提名，经总统批准，总理和各部部长均不设副职，但可有一位部长兼任副总理。联邦总理对联邦议院负责，各部部长对总理负责。

# Aufgabe 66

**Wer schreibt den Text zur deutschen Nationalhymne?**

☐ **Friedrich von Schiller**

☐ **Clemens Brentano**

☐ **Johann Wolfgang von Goethe**

☐ **Heinrich Hoffmann von Fallersleben**

德国国歌的歌词作者是____________。

- ☐ 弗里德里希·席勒
- ☐ 克莱门斯·布伦塔诺
- ☐ 约翰·沃夫冈·冯·歌德
- ☐ 海因利希·霍夫曼·冯·法勒斯雷本

解析：海因利希·霍夫曼·冯·法勒斯雷本

知识拓展：参见第 40 题。

# Aufgabe 67

**Was ist in Deutschland vor allem eine Aufgabe der Bundesländer?**

- ☐ **Verteidigungspolitik**
- ☐ **Außenpolitik**
- ☐ **Wirtschaftspolitik**
- ☐ **Schulpolitik**

在德国，下列哪项政策主要是州事务？

- ☐ 防御政策
- ☐ 外交政策
- ☐ 经济政策
- ☐ 教育政策

解析：教育政策

知识拓展：参考第 49 题。

# Aufgabe 68

**Warum kontrolliert der Staat in Deutschland das Schulwesen?**

- ☐ **Weil es in Deutschland nur staatliche Schulen gibt.**
- ☐ **Weil alle Schüler und Schülerinnen einen Schulabschluss haben müssen.**
- ☐ **Weil es in den Bundesländern verschiedene Schulen gibt.**
- ☐ **Weil es nach dem Grundgesetz seine Aufgabe ist.**

在德国，国家监督教育事业，__________。

☐ 因为在德国只有公立中学

☐ 因为所有的中学生必须中学毕业

☐ 因为在联邦州内存在不同的学校

☐ 因为《基本法》规定

解析：因为《基本法》规定

知识拓展：参见《基本法》第一章第七条：

(1) Das gesamte Schulwesen steht unter der Aufsicht des Staates.

国家对全部学校教育事业予以监督。

# Aufgabe 69

**Die Bundesrepublik Deutschland hat einen dreistufigen Verwaltungsaufbau. Wie heißt die unterste politische Stufe?**

☐ **Stadträte**

☐ **Landräte**

☐ **Gemeinden**

☐ **Bezirksämter**

德意志联邦共和国实行三等级的行政管理模式，最底层的被称为__________。

☐ 市议会

☐ 州议会

☐ 市镇

☐ 地区

解析：市镇

知识拓展：德国行政区划分为联邦、州、市镇三级，共有 16 个州，13 175 个市镇。

# Aufgabe 70

**Der deutsche Bundespräsident Gustav Heinemann gibt Helmut Schmidt 1974 die Ernennungsurkunde zum deutschen Bundeskanzler. Was gehört zu den Aufgaben des**

**deutschen Bundespräsidenten / der deutschen Bundespräsidentin?**

☐ **Er / Sie führt die Regierungsgeschäfte.**

☐ **Er / Sie kontrolliert die Regierungspartei.**

☐ **Er / Sie wählt die Minister / Ministerinnen aus.**

☐ **Er / Sie schlägt den Kanzler / die Kanzlerin zur Wahl vor.**

**1974 年，联邦总统任命联邦总理。下列哪项属于德国总统的任务？**

☐ **领导政府事务**

☐ **监督政党**

☐ **挑选部长**

☐ **提名联邦总理**

**解析：**提名联邦总理

**知识拓展：**参见《联邦德国基本法》第六章第六十三条：

（1）Der Bundeskanzler wird auf Vorschlag des Bundespräsidenten vom Bundestage ohne Aussprache gewählt

联邦总理根据联邦总统提名，由联邦议院不经讨论而选举产生。

# Aufgabe 71

**Wo arbeitet die deutsche Bundesregierung?**

☐ **in Potsdam**

☐ **in Berlin**

☐ **in Frankfurt / Main**

☐ **in Leipzig**

**德国联邦政府所在地是__________。**

☐ **波茨坦**

☐ **柏林**

☐ **美因河畔的法兰克福**

☐ **莱比锡**

**解析：**柏林

# Aufgabe 72

**Wie heißt der jetzige Bundeskanzler / die jetzige Bundeskanzlerin von Deutschland?**

- ☐ **Gerhard Schröder**
- ☐ **Jürgen Rüttgers**
- ☐ **Klaus Wowereit**
- ☐ **Angela Merkel**

德国现任国家总理是____________。

- ☐ 格哈德 · 施罗德
- ☐ 于尔根 · 吕特格斯
- ☐ 克劳斯 · 沃维雷特
- ☐ 安格拉 · 默克尔

**解析**：安格拉 · 默克尔

**知识拓展**：安格拉 · 默克尔(Angela Merkel)，1954 年 7 月 17 日生于汉堡，物理学博士。1978—1990 年在民主德国科学院物理化学中心研究所工作。1990 年 8 月加入基民盟。1991 年任基民盟联邦副主席，1991—1994 年任联邦妇女和青年部部长，1994—1998 年任联邦环境、自然保护和反应堆安全部部长，1998—2000 年任基民盟总书记，2000 年 4 月起任基民盟主席，2002 年 9 月—2005 年 11 月兼任联盟党议会党团主席，2005 年 11 月 22 日出任德国第一位女总理，是两德统一后首位出生于前民主德国地区的联邦总理，也是德国历史上最年轻的总理。2009 年 10 月 28 日连任，2013 年 12 月 17 日再次连任。默克尔作为德国一名女性政治家，有“铁娘子”之称，是欧洲继撒切尔夫人后，最具影响力的女性领导人。

# Aufgabe 73

**Die beiden größten Fraktionen im deutschen Bundestag heißen zurzeit...**

- ☐ **CDU/CSU und SPD**
- ☐ **Die Linke und Bündnis 90/ Die Grünen**
- ☐ **FDP und SPD**

☐ **Die Linke und FDP**

今天，德国联邦议院中的两大议会党团分别是__________。

☐ 基民盟/基社盟和社会民主党

☐ 左翼党和联盟 90 /绿党

☐ 德国民主自由党和社会民主党

☐ 左翼党和德国民主自由党

**解析**：基民盟/基社盟和社会民主党

**知识拓展**：德国属于多党制，联邦议院中的两大政党为社会民主党和基督教民主联盟(与姊妹党巴伐利亚基督教社会联盟属于同一个议会党团)。其他政党包括自由民主党、左党和联盟90/绿党，一般由两大政党之一与其他三个政党之一共同合组执政联盟。

德国曾存在或目前仍运作的重要政党如下：

· 德国社会民主党（SPD）

· 基督教民主联盟（CDU）

· 巴伐利亚基督教社会联盟(基社盟，CSU)

· 联盟 90/绿党（Bündnis 90/Die Grünen）

· 左派党（Die Linkspartei，已和劳动和社会公平党合并成左党）

· 劳动和社会公平党（WASG，已和左翼党合并成左党）

· 德国自由民主党（FDP）

· 德国国家民主党（NPD）

· 德国统一社会党（SED）(从前民主德国的执政党)

· 德国共产党（DKP）(1990 年重新成立的共产党)

· 左翼党（Die Linke）

# Aufgabe 74

**Wie heißt das Parlament für ganz Deutschland?**

☐ **Bundesversammlung**

☐ **Volkskammer**

☐ **Bundestag**

☐ **Bundesgerichtshof**

德国的议会被称为__________。

☐ (德意志联邦选举联邦总统的)联邦大会

☐ 人民议院

☐ 德国联邦议院

☐ 德国联邦普通法院

解析：德国联邦议院

知识拓展："二战"后德意志联邦共和国成立，议会改称为"联邦议院"（Bundestag），在此之前被称为"帝国议会"。

# Aufgabe 75

**Wie heißt Deutschlands heutiges Staatsoberhaupt?**

☐ **Horst Köhler**

☐ **Johannes Rau**

☐ **Roman Herzog**

☐ **Joachim Gauck**

现任联邦德国总统是__________。

☐ 霍斯特·克勒

☐ 约翰内斯·劳

☐ 罗曼·赫尔佐可

☐ 约阿西姆·高克

解析：约阿西姆·高克

知识拓展：历届德国总统一览表：

| | |
|---|---|
| Seit 18. 03. 2012 | Joachim Gauck |
| 30. 06. 2010—17. 02. 2012 | Christian Wulff |
| 01. 07. 2004—31. 05. 2010 | Horst Köhler |
| 01. 07. 1999—30. 06. 2004 | Johannes Rau |
| 01. 07. 1994—30. 06. 1999 | Roman Herzog |
| 01. 07. 1984—30. 06. 1994 | Richard von Weizsäcker |
| 01. 07. 1979—30. 06. 1984 | Karl Carstens |
| 01. 07. 1974—30. 06. 1979 | Walter Scheel |
| 01. 07. 1969—30. 06. 1974 | Gustav Heinemann |
| 13. 09. 1959—30. 06. 1969 | Heinrich Lübke |
| 12. 09. 1949—12. 09. 1959 | Theodor Heuss |

# Aufgabe 76

**Was bedeutet die Abkürzung CDU in Deutschland?**

☐ **Christliche Deutsche Union**

☐ **Club Deutscher Unternehmer**

☐ **Christlicher Deutscher Umweltschutz**

☐ **Christlich-Demokratische Union**

**在德国，“CDU”这一缩写的含义是__________。**

☐ **基督教德国联盟**

☐ **德国企业俱乐部**

☐ **基督教德国环保组织**

☐ **基督教民主联盟**

**解析**：基督教民主联盟

**知识拓展**：德国基督教民主联盟(Christlich-Demokratische Union Deutschlands)，简称“基民盟”，1945 年 6 月成立。曾于 1949—1969 年，1982—1998 年执政。2005 年至今为主要执政党，现有党员 46.7 万人(2014 年 6 月)，为德国第二大政党，党主席为安格拉·默克尔(Angela Merkel)。

# Aufgabe 77

**Was ist Bundeswehr?**

☐ **die deutsche Polizei**

☐ **ein deutscher Hafen**

☐ **eine deutsche Bürgerinitiative**

☐ **die deutsche Armee**

**“Bundeswehr”是__________。**

☐ **德国警察**

☐ **一个德国港口**

☐ **德国的公民倡议**

☐ 德国军队

**解析**：德国军队

**知识拓展**：联邦国防军为德意志联邦共和国军队的统称，它由陆军、海军、空军、联合支持部队、联合医疗部队所组成。今天的德国联邦国防军主要参加一些联合国实行的国际维持和平任务、人道救援任务及北约的军事行动。

# Aufgabe 78

**Was bedeutet die Abkürzung SPD?**

☐ **Sozialistische Partei Deutschlands**

☐ **Sozialpolitische Partei Deutschlands**

☐ **Sozialdemokratische Partei Deutschlands**

☐ **Sozialgerechte Partei Deutschlands**

**缩写"SPD"的含义是________。**

☐ **德国社会主义党**

☐ **德国社会政治党**

☐ **德国社会民主党**

☐ **德国社会公平党**

**解析**：德国社会民主党

**知识拓展**：德国社会民主党，简称"社民党"，成立于1863年，是世界上成立最早的工人党之一，其前身是1863年成立的全德工人联合会和1869年成立的德国社会民主工党。最初该政党为纯粹的工人阶级政党，后逐步发展成代表职工利益的全民党。1878年俾斯麦政府宣布该政党为非法，1890年该党又重新获得合法地位。1933年，社民党被纳粹政权取缔，战后重建。1990年9月，民主德国、联邦德国社民党合并，现有党员47.4万人(2013年12月)，是德国第一大政党，党主席西格玛·加布里尔(Sigmar Gabriel)主张通过维护职工利益实现政治稳定和社会公正，从而推动经济发展。

# Aufgabe 79

**Was bedeutet die Abkürzung FDP in Deutschland?**

☐ **Friedliche Demonstrative Partei**

☐ **Freie Deutschland Partei**

☐ **Führende Demokratische Partei**

☐ **Freie Demokratische Partei**

**缩写“FDP”的含义是____________。**

☐ **和平示威党**

☐ **德国自由党**

☐ **带头的民主党**

☐ **德国自由民主党**

**解析：**德国自由民主党

**知识拓展：**自由民主党简称“自民党”，成立于1948年12月。党员主要由企业主、高薪阶层和高级知识分子组成，起初由九个1945年形成的自由党合并而成，而这九个自由党则是由1933年被纳粹取缔的德国人民党(DVP)和德国民主党(DDP)的残存分子组成的。自由民主党的首任主席Theodor Heuss，原来曾是DDP成员，后来又曾成为DVP成员。1990年德国统一之后，原民主德国地区的部分自由主义政党组织也加入德国自由民主党。自民党在联邦德国时期，长期参与联合政府，曾分别与联盟党和社民党联合执政。现有党员5.7万人(2014年6月)，党主席为克里斯蒂安·林德纳(Christian Lindner)。自民党旗帜鲜明地主张经济自由主义，认为国家应该减少对市场的干预，其政治纲领的核心目标是通过改善投资环境创造更多的就业机会。

# Aufgabe 80

**Welches Gericht in Deutschland ist zuständig für die Auslegung des Grundgesetzes?**

☐ **Oberlandesgericht**

☐ **Amtsgericht**

☐ **Bundesverfassungsgericht**

☐ **Verwaltungsgericht**

**在德国，哪个法院负责《基本法》的解释？**

☐ **州高级法院**

☐ **德国地方法院/初级法院**

☐ **联邦宪法法院**

☐ **行政法院**

解析：联邦宪法法院

知识拓展：《基本法》第九章第九十三条对联邦宪法法院的主管范围进行了如下规定：

(1) Das Bundesverfassungsgericht entscheidet:

联邦宪法法院对下列情形进行裁判：

1. über die Auslegung dieses Grundgesetzes aus Anlaß von Streitigkeiten über den Umfang der Rechte und Pflichten eines obersten Bundesorgans oder anderer Beteiligter, die durch dieses Grundgesetz oder in der Geschäftsordnung eines obersten Bundesorgans mit eigenen Rechten ausgestattet sind.

某一联邦最高权力机关或由本《基本法》和某一联邦最高权力机关通过议事规则授予自有权利的其他关系人就权利和义务范围发生争议时，要求对本《基本法》进行解释的。

# Aufgabe 81

**Wer wählt die Bundeskanzler / die Bundeskanzlerin in Deutschland?**

☐ **der Bundesrat**

☐ **die Bundesversammlung**

☐ **das Volk**

☐ **der Bundestag**

德国总理由__________选举产生。

☐ 联邦参议院

☐ 联邦大会

☐ 人民

☐ 联邦议院

解析：联邦议院

知识拓展：参见《联邦德国基本法》第六章第六十三条：

(1) Der Bundeskanzler wird auf Vorschlag des Bundespräsidenten vom Bundestage ohne Aussprache gewählt.

联邦总理根据联邦总统提名，由联邦议院不经讨论而选举产生。

## Aufgabe 82

**Wie nennt man den Regierungschef / die Regierungschefin der Bundesrepublik Deutschland?**

☐ **Premierminister / Premierministerin**

☐ **Bundespräsident / Bundespräsidentin**

☐ **Bundeskanzler / Bundeskanzlerin**

☐ **Ministerpräsident / Ministerpräsidentin**

联邦德国政府首脑被称为____________。

☐ 首相

☐ 联邦总统

☐ 联邦总理

☐ 总理

**解析：**联邦总理

**知识拓展：**德国联邦总理是德国政府首脑，领导联邦政府的各项工作，给予它们政治上的指导。联邦总理往往是议会多数党的成员，由议会选举产生。联邦总理和各部部长共同组成内阁，对所有有关联邦内政、外交、国防、财政、经济和社会各方面的事务做出决策，进行管理。

## Aufgabe 83

**Wer wählt den deutschen Bundeskanzler / die deutsche Bundeskanzlerin?**

☐ **das Volk**

☐ **die Bundesversammlung**

☐ **der Bundestag**

☐ **die Bundesregierung**

德国总理由____________选举产生。

☐ 人民

☐ 联邦大会

☐ 联邦议院

☐ 联邦政府

**解析**：联邦议院

**知识拓展**：参见第 81 题。

# Aufgabe 84

**Welche Hauptaufgabe hat der deutsche Bundespräsident / die deutsche Bundespräsidentin? Er/ Sie...**

☐ **regiert das Land.**

☐ **entwirft die Gesetze.**

☐ **repräsentiert das Land.**

☐ **überwacht die Einhaltung der Gesetze.**

德国联邦总统的主要职责是＿＿＿＿＿＿。

☐ 统治国家

☐ 起草法律

☐ 代表国家

☐ 监督法律的执行

**解析**：代表国家

**知识拓展**：参见《基本法》第五章第五十九条：

（1）Der Bundespräsident vertritt den Bund völkerrechtlich. Er schließt im Namen des Bundes die Verträge mit auswärtigen Staaten. Er beglaubigt und empfängt die Gesandten.

联邦总统在国际法意义上代表联邦。他以联邦的名义同外国缔结条约。联邦总统派遣和接待使者。

联邦总统是德意志联邦共和国的国家元首，对内和对外均代表德国，其主要职责包括：签署并公布由联邦议院和联邦参议院通过的由联邦总理和有关联邦政府部长签署的法律法令，但对其没有否决权；根据联邦议院的决定任免联邦总理，根据联邦总理的提名任免联邦政府各部部长；主持国家礼仪性活动等。联邦总统只是国家元首，但并不直接领导联邦政府，不享有实际的行政权。德国不设副总统。

# Aufgabe 85

**Wer bildet den deutschen Bundesrat?**

☐ **die Abgeordneten des Bundestages**

☐ **die Minister und Ministerinnen der Bundesregierung**

☐ **die Regierungsvertreter der Bundesländer**

☐ **die Parteimitglieder**

**联邦参议院由__________组成。**

☐ **联邦议院的议员**

☐ **联邦政府各部的部长**

☐ **各个联邦州的政府代表**

☐ **各党派成员**

**解析**：各个联邦州的政府代表

**知识拓展**：参见《基本法》第四章第五十一条有关联邦参议院组成的规定：

(1) Der Bundesrat besteht aus Mitgliedern der Regierungen der Länder, die sie bestellen und abberufen. Sie können durch andere Mitglieder ihrer Regierungen vertreten werden.

联邦参议院由各州政府任免的州政府成员组成。他们可由各州政府的其他成员予以代表。

# Aufgabe 86

**Wer wählt in Deutschland den Bundespräsidenten / die Bundespräsidentin?**

☐ **die Bundesversammlung**

☐ **der Bundesrat**

☐ **das Bundesparlament**

☐ **das Bundesverfassungsgericht**

**德国联邦总统由__________选举产生。**

☐ **联邦大会**

☐ **联邦参议院**

□ 联邦议会

□ 联邦宪法法院

解析：联邦大会

知识拓展：参见《基本法》第五章第五十四条：

(1) Der Bundespräsident wird ohne Aussprache von der Bundesversammlung gewählt. Wählbar ist jeder Deutsche，der das Wahlrecht zum Bundestage besitzt und das vierzigste Lebensjahr vollendet hat.

联邦总统由联邦大会不经讨论而选举产生。凡年满 40 周岁并享有联邦议院选举权的德国人均可参选。

# Aufgabe 87

**Wer ist das Staatsoberhaupt der Bundesrepublik Deutschland?**

□ **der Bundeskanzler / die Bundeskanzlerin**

□ **der Bundespräsident / die Bundespräsidentin**

□ **der Bundesratspräsident / die Bundesratspräsidentin**

□ **der Bundestagspräsident / die Bundestagspräsidentin**

德意志联邦共和国的国家元首是___________。

□ 联邦总理

□ 联邦总统

□ 联邦参议院议长

□ 联邦议院议长

解析：联邦总统

知识拓展：德国的国家元首是联邦总统，任期 5 年，由联邦大会间接选举产生。联邦大会由联邦议院议员以及同样数目的各州代表组成，专门负责选举国家元首。联邦总统的权力受到限制，其角色大部分是象征性的。其主要职责参见第 84 题。

# Aufgabe 88

**Die parlamentarische Opposition im deutschen Bundestag...**

☐ **kontrolliert die Regierung**

☐ **entscheidet, wer Bundesminister / Bundesministerin wird.**

☐ **bestimmt, wer im Bundesrat sitzt.**

☐ **schlägt die Regierungschefs / Regierungschefinnen der Länder vor.**

**联邦议院中的反对党派__________。**

☐ **督查政府职能**

☐ **决定联邦部长的人选**

☐ **决定联邦参议院的成员**

☐ **提名联邦州的政府首脑**

**解析:** 督查政府职能

## Aufgabe 89

**Wie nennt man in Deutschland die Vereinigung von Abgeordneten einer Partei im Parlament?**

☐ **Verband**

☐ **Ältestenrat**

☐ **Fraktion**

☐ **Opposition**

**德国联邦议院中一个政党成员联合被称为__________。**

☐ **协会**

☐ **老人委员会**

☐ **议会党团**

☐ **反对党**

**解析:** 议会党团

**知识拓展:** 议会党团是指联邦议院中同一政党或在选举中不是竞争对手的不同政党的成员组成的集团。根据德国联邦议院的程序规则限定，只有在联邦议院中占有至少5%议席的政党才能组成议会党团的最低门槛，议员人数不足5%的政党，在征得绝大多数议员同意后，可以组成议会小组。议会小组只享有议会党团的部分权利。

议会党团是德国联邦议院政治权力的中心和主要驱动力量，德国联邦议院中的所有议员都隶属于某个议会党团或议会小组。德国《基本法》第二十一条、《议员法》、《联邦选举法》以及联邦议院程序规则等相关宪法和法律承认和保护议会党团在议会中的地位和作用。根据政党在联邦议院中的席位，议会党团和议会小组可得到国家补贴，用于支付为议会党团工作的专职和兼职工作人员的报酬。

德国联邦议院中政党的议会党团基本由全体会议、主席、执行委员会和若干工作小组组成。议会党团的全体会议是最高决策机构，其决定对选举产生的本党官员具有约束力。在联邦议院会期，议会党团全体会议每周召开一次。议会党团主席和副主席均由选举产生，任期一般为4年。议会党团执行委员会由全体会议选举产生，通常包括主席、数名副主席、议会干事长、法律干事和若干本党议员。工作小组是议会党团的活动中心，负责在议题提交给议会党团全体会议前化解议会党团内部的矛盾，以便议会党团做出统一决定。

# Aufgabe 90

**Die deutschen Bundesländer wirken an der Gesetzgebung des Bundes mit durch...**

☐ **den Bundesrat**

☐ **die Bundesversammlung**

☐ **den Bundestag**

☐ **die Bundesregierung**

**联邦州通过　　　　　参与联邦德国的立法。**

☐ **联邦参议院**

☐ **(德意志联邦选举联邦总统的)联邦大会**

☐ **联邦议院**

☐ **联邦政府**

**解析：**联邦参议院

**知识拓展：**根据《基本法》第四章第五十条：

Durch den Bundesrat wirken die Länder bei der Gesetzgebung und Verwaltung des Bundes und in Angelegenheiten der Europäischen Union mit.

各州通过联邦参议院参与联邦的立法和行政及欧洲联盟事务。

德国联邦参议院是德国国家权力机构之一。作为各联邦州在联邦中的代表，是德国联邦制国家结构的重要组成部分。各联邦州政府依据《基本法》，通过联邦参议院参与联邦的立法和欧盟事务。联邦参议院党派比例随着各州议会的选举而变化。联邦参议院议长由各州州长轮流担任，每年轮换一次，任期从每年11月1日至次年10月31日。联邦参议院议长在礼仪上仅次于联邦总统和联邦议院议长，在联邦总统因病或出国访问期间，联邦参议院议长代行联邦总统职务。

# Aufgabe 91

**In Deutschland kann ein Regierungswechsel in einem Bundesland Auswirkungen auf die Bundespolitik haben. Das Regieren wird...**

☐ **schwieriger，wenn sich dadurch die Mehrheit im Bundestag ändert.**

☐ **leichter，wenn dadurch neue Parteien in den Bundesrat kommen.**

☐ **schwieriger，wenn dadurch die Mehrheit im Bundesrat verändert wird.**

☐ **leichter，wenn es sich um ein reiches Bundesland handelt.**

**州政府的换届会对联邦德国的政治产生一定的影响。执政会____________。**

☐ **变得困难，如果联邦议院中的多数席位因此产生变动**

☐ **变得简单，如果有新的党派因此加入到联邦参议院中**

☐ **变得困难，如果联邦参议院中的多数席位因此产生变动**

☐ **变得简单，如果这涉及的是一个富裕的联邦国家**

**解析：**变得困难，如果联邦参议院中的多数席位因此产生变动

**知识拓展：**《基本法》第四章第五十一条对联邦参议院的组成及表决做出了如下规定：

(1) Der Bundesrat besteht aus Mitgliedern der Regierungen der Länder，die sie bestellen und abberufen. Sie können durch andere Mitglieder ihrer Regierungen vertreten werden.

联邦参议院由各州政府任免的州政府成员组成。他们可由各州政府的其他成员予以代表。

(2) Jedes Land hat mindestens drei Stimmen，Länder mit mehr als zwei Millionen Einwohnern haben vier，Länder mit mehr als sechs Millionen Einwohnern fünf，Länder mit mehr als sieben Millionen Einwohnern sechs Stimmen.

对于联邦参议院的表决，每州至少有3票，居民人数超过200万的州有4票，超过600万人口的州有5票，超过700万人口的有6票。

在德国，立法等事务都需要联邦参议院的参与，因此，当州政府换届导致联邦参议院中的多数席位产生变动时，很可能影响对一项草案的最终决议，会使执政变得愈发困难。

# Aufgabe 92

**Was bedeutet die Abkürzung CSU in Deutschland?**

**□ Christlich Sichere Union**

**□ Christlich Süddeutsche Union**

**□ Christlich Sozialer Unternehmerverband**

**□ Christlich-Soziale Union**

**在德国，缩写“CSU”的含义是____________。**

**□ 基督教安全联盟**

**□ 基督教南德联盟**

**□ 基督教社会企业联合会**

**□ 基督教社会联盟**

**解析**：基督教社会联盟

**知识拓展**：基督教社会联盟，简称“基社盟”，德国执政党之一，与德国基督教民主联盟(基民盟)为姊妹党，在联邦议会共同组成一个党团。该党 1945 年成立。根据与基民盟达成的协议，只在巴伐利亚州发展组织并开展活动。现有党员 14. 8 万人(2013 年 12 月)，党主席为霍斯特·泽霍夫(Horst Seehofer)。

# Aufgabe 93

**Ab welchem Alter darf man in Deutschland bei der Bundestagswahl wählen?**

**□ ab 18 Jahren**

**□ ab 19 Jahren**

**□ ab 20 Jahren**

**□ ab 21 Jahren**

**从____________起人们在德国联邦议院选举中享有投票权。**

**□ 18 岁**

**□ 19 岁**

**□ 20 岁**

☐ **21 岁**

**解析**: 18 岁

**知识拓展**：参见《基本法》第三章第三十八条：

(2) Wahlberechtigt ist, wer das achtzehnte Lebensjahr vollendet hat; wählbar ist, wer das Alter erreicht hat, mit dem die Volljährigkeit eintritt.

年满十八周岁者享有选举权；达到成年人年龄者享有被选举权。

# Aufgabe 94

**Ab welchem Alter darf man in Deutschland an der Wahl zum Deutschen Bundestages teilnehmen?**

☐ **16**
☐ **18**
☐ **21**
☐ **24**

**从＿＿＿＿＿岁起人们可以参加德国联邦议院选举。**

☐ **16**
☐ **18**
☐ **21**
☐ **23**

**解析**: 18

**知识拓展**：参见第 93 题可知在德国，年满 18 周岁的德国人享有选举权，达到成人年龄者享有被选举权。《德国民法典》(BGB, Bürgerliches Gesetzbuch) 第一章第一节第二条已对成年年纪做出如下规定：Die Volljährigkeit tritt mit der Vollendung des 18. Lebensjahres ein. 满十八周岁为成年。

《联邦德国联邦选举法》第十二条对选举权也有相关规定：(一) 基本法第一百一十六条第一款意义上的所有德国人，只要其在选举日：1. 年满 18 周岁；2. 至少三个月以来在德意志联邦共和国有住所或居留；3. 没有根据第 13 条被剥夺选举权的，都有选举权。

《联邦德国联邦选举法》第十五条对被选举权做了如下规定：(一) 下列人员有被选举权：1. 在选举日那天成为《基本法》第一百一十六条第一款意义上的德国人已经至少一年，并且 2. 已经年满 18 周岁。

此处将《基本法》第一百一十六条对德国国籍的规定第一款补充如下：

(1) Deutscher im Sinne dieses Grundgesetzes ist vorbehaltlich anderweitiger gesetzlicher

Regelung，wer die deutsche Staatsangehörigkeit besitzt oder als Flüchtling oder Vertriebener deutscher Volkszugehörigkeit oder als dessen Ehegatte oder Abkömmling in dem Gebiete des Deutschen Reiches nach dem Stande vom 31. Dezember 1937 Aufnahme gefunden hat.

除法律另有规定外，本《基本法》所指德国人系指具有德国国籍的人、以德意志民族的难民和被逐出家园人身份或作为此类人员的配偶、后裔，在 1937 年 12 月 31 日以后的德意志帝国领域被接受的人员。

# Aufgabe 95

**Was gilt für die meisten Kinder in Deutschland?**

☐ **Wahlpflicht**

☐ **Schulpflicht**

☐ **Schweigepflicht**

☐ **Religionspflicht**

**在德国__________适用于大多数儿童。**

☐ **选举义务**

☐ **义务教育**

☐ **保守秘密的义务**

☐ **宗教义务**

**解析：**义务教育

**知识拓展：**德国的教育体系规划了 12~13 年义务教育，实际上教育体制因邦而异。联邦德国现行的学校制度包括：基础教育，即 3~6 岁儿童接受的学前教育；初等教育，由包括 1~4 年级的基础学校实施的小学教育（柏林例外，小学学制为 6 年）；中等教育第一阶段，在小学毕业时，或者至迟到第六年级定向阶段结束时，学生主要根据自己的成绩、特长、爱好 以及学校和家长的意见，分流到三类不同的中学，即普通中学、实科中学和完全中学的第一阶段，此外还有一种综合上述三类学校的综合中学；中学第二阶段，即完全中学和综合中学的第 11~13 年级，通过考试而获得中学毕业证书Ⅱ的学生就有资格上高等学校；职业教育，主要是双元制职业培训，还有各种类型的职业教育学校，培养各种不同的技术人才；高等教育，包括大学、各种高等院校和高等专科学校；继续教育，内容广泛，形式多样，可以满足各种年龄、各种文化程度和职业的 成年人参加继续教育的需要。这几个阶段相互衔接，彼此协调，形式灵活，途径多样，构成一个发达而完备的教育系统。

# Aufgabe 96

**Was muss jeder deutsche Staatsbürger / jede deutsche Staatsbürgerin ab dem 16. Lebensjahr besitzen?**

- ☐ **einen Reisepass**
- ☐ **einen Personalausweis**
- ☐ **einen Sozialversicherungsausweis**
- ☐ **einen Führerschein**

**每个年满 16 岁的德国公民必须持有__________。**

- ☐ **护照**
- ☐ **身份证**
- ☐ **社会保险卡**
- ☐ **驾照**

**解析：**身份证/护照

**知识拓展：**身份证是用于证明持有人身份的证件，多数由各国或地区政府颁发给公民，作为每个人独一无二的公民身份的证明工具。德国是一个实行强制性身份证的国家，凡是年满 16 周岁的德国人都必须持有身份证或护照。

# Aufgabe 97

**Was bezahlt man in Deutschland automatisch, wenn man fest angestellt ist?**

- ☐ **Sozialversicherung**
- ☐ **Sozialhilfe**
- ☐ **Kindergeld**
- ☐ **Wohngeld**

**在德国拥有固定工作的人会自动缴纳__________。**

- ☐ **社会保险**
- ☐ **社会救济**
- ☐ **子女补贴费**

□ 住房津贴

**解析**：社会保险

**知识拓展**：在德国，社会保险是一种法定的、大多数人必须按强制性规定参加的义务保险。所有职员、工人、学徒、失业者、退休人员和大学生均有投保义务，其中失业者的社会保险由国家承担，退休人员和大学生只有义务参加法定医疗和护理保险，政府官员没有参加法定社会保险的义务。雇主有义务在雇用员工后的 14 天内，向法定的医疗保险公司申报登记，为员工投保五项法定保险。

# Aufgabe 98

**Welche Pflicht gilt in Deutschland nur für männliche und nicht für weibliche Staatsangehörige?**

□ **Wehrpflicht**

□ **Schulpflicht**

□ **Wahlpflicht**

□ **Steuerpflicht**

**在德国，____________只适用于男性公民，而不适用于女性公民。**

□ **兵役义务**

□ **义务教育**

□ **选举义务**

□ **纳税义务**

**解析**：兵役义务

**知识拓展**：参见《基本法》第一章第十二 a 条：

(1) Männer können vom vollendeten achtzehnten Lebensjahr an zum Dienst in den Streitkräften, im Bundesgrenzschutz oder in einem Zivilschutzverband verpflichtet werden.

男子年满 18 周岁，即可担负在武装部队、联邦边防部队或民防组织中服役的义务。

(4) Kann im Verteidigungsfalle der Bedarf an zivilen Dienstleistungen im zivilen Sanitäts- und Heilwesen sowie in der ortsfesten militärischen Lazarettorganisation nicht auf freiwilliger Grundlage gedeckt werden, so können Frauen vom vollendeten achtzehnten bis zum vollendeten fünfundfünfzigsten Lebensjahr durch Gesetz oder auf Grund eines Gesetzes zu derartigen Dienstleistungen herangezogen werden. Sie dürfen auf keinen Fall zum Dienst mit der Waffe verpflichtet werden.

在防御状态下，如自愿参加民役的人员不能满足平民卫生救护以及固定地点的军事救护组织的需要，可通过法律或依据法律规定，征集 18 周岁至 55 周岁的妇女参加此类民役。任何情况下，妇女均不负有参与使用武器的服役的义务。

# Aufgabe 99

**Wer bezahlt in Deutschland die Sozialversicherungen?**

□ **Arbeitgeber / Arbeitgeberinnen und Arbeitnehmer / Arbeitnehmerinnen**

□ **nur Arbeitnehmer / Arbeitnehmerinnen**

□ **alle Staatsangehörigen**

□ **nur Arbeitgeber / Arbeitgeberinnen**

在德国，__________支付社会保险。

□ 雇主和雇员

□ 只有雇员

□ 所有拥有德国国籍的人

□ 只有雇主

**解析**：雇主和雇员

**知识拓展**：在德国，社会保险的费用采取分摊的方式。每人应缴纳的保费金额由其毛工资总额与保费率相乘计算得出。德政府每年发布计算保费的最高月工资限额，对超过限额的收入部分不计算保费。养老、失业、医疗和护理四项保险费由雇主和雇员各承担50%，雇员应缴的保费从本人工资中扣除；工伤事故保险费由雇主全额承担。对于月工资不超过400欧元的雇员，其雇主必须承担除失业保险以外的各项保险的全额保费。

# Aufgabe 100

**Jeder / Jede deutsche Staatsangehörige muss...**

□ **immer einen Reisepass dabei haben.**

□ **mit Vollendung des 16. Lebensjahres einen gültigen Personalausweis oder einen gültigen Reisepass besitzen.**

□ **immer eine Krankenkassenkarte dabei haben.**

□ **mit Vollendung des 18. Lebensjahres einen Führerschein besitzen.**

**每个德国人必须＿＿＿＿＿。**

**☐ 随身携带旅行护照**

**☐ 自年满 16 岁后持有有效身份证或者有效旅行护照**

**☐ 随身携带医保卡**

**☐ 年满 18 岁持有驾照**

**解析：**自年满 16 岁起持有有效身份证或者有效旅行护照。

**知识拓展：**参见第 96 题。

# Aufgabe 101

**Gewerkschaften sind Interessenverbände der...**

**☐ Jugendlichen.**

**☐ Arbeitnehmer und Arbeitnehmerinnen.**

**☐ Rentner und Rentnerinnen.**

**☐ Arbeitgeber und Arbeitgeberinnen.**

**工会是＿＿＿＿＿的利益团体。**

**☐ 年轻人**

**☐ 雇员**

**☐ 退休者**

**☐ 雇主**

**解析：**雇员

**知识拓展：**工会组织是劳动者利益的代表。在现代各种社会组织中，工会是由劳动者组成的特殊社会组织。工会运动涉及劳动者的经济生活及社会生活的各个方面，尤其在劳动关系的形成和变化之中有着重要的影响。同时，工会的存在，也是以劳动者的代表身份，就劳动关系中的矛盾和劳动问题与雇主一方进行交涉，在诸如劳动工资、劳动工时、劳动待遇等方面维护劳动者的权益而进行活动。

德国企业工会的出现比美国要晚一些，直到 19 世纪二三十年代，德国才开始成立第一批工会组织。1848 年德国出现了工会的联合组织。此后直至第二次世界大战前，德国的工会组织得到了长足的发展。“二战”期间，工会活动被取缔。“二战”结束后，德国一些地区又重新组建了工会，工会组织进入了重新发展时期。1949 年德国正式成立了“德国工会联合会”，从而标志着德国工会的组织结构进入完善阶段。

# Aufgabe 102

**Alexander muss zur Bundeswehr. Er möchte aber aus Gewissengründen nicht lernen，wie man auf andere Menschen schießt. Was kann er tun?**

☐ **Nichts，er muss zur Armee.**

☐ **Er kann Zivildienst leisten.**

☐ **Er kann sich freikaufen. Dafür muss er 1000 Euro zahlen.**

☐ **Er kann eine Fortbildung machen.**

**Alexander 必须去服兵役，但他出于良知的理由不想学习瞄准别人开枪。他__________。**

☐ **别无选择，必须去军队**

☐ **可以选择民事服役**

☐ **可以用钱赎身，为此必须支付 1 000 欧元**

☐ **可以继续进修**

**解析**：可以选择民事服役

**知识拓展**：在德国服兵役虽是公民义务，但是《基本法》也保障出于良知而拒服兵役的公民的权利，对此相关规定参见《基本法》第一章第四条：

（3）Niemand darf gegen sein Gewissen zum Kriegsdienst mit der Waffe gezwungen werden. Das Nähere regelt ein Bundesgesetz.

任何人不得被迫违背其良心服兵役并使用武器。具体由联邦法律予以规定。

《基本法》第一章第十二 a 条：

（2）Wer aus Gewissensgründen den Kriegsdienst mit der Waffe verweigert，kann zu einem Ersatzdienst verpflichtet werden. Die Dauer des Ersatzdienstes darf die Dauer des Wehrdienstes nicht übersteigen. Das Nähere regelt ein Gesetz，das die Freiheit der Gewissensentscheidung nicht beeinträchtigen darf und auch eine Möglichkeit des Ersatzdienstes vorsehen muß，die in keinem Zusammenhang mit den Verbänden der Streitkräfte und des Bundesgrenzschutzes steht.

对于出于良心方面的理由拒绝持武器服兵役的，可科以替代役义务。替代役的期限不得超过服兵役的期限。具体另由法律规定。此项法律不得限制依良心决定是否服兵役的自由，也必须规定可以用其他方式代替兵役，且替代役与武装部队或联邦边防部队的机构应无联系。

（3）Wehrpflichtige，die nicht zu einem Dienst nach Absatz 1 oder 2 herangezogen sind，können im Verteidigungsfalle durch Gesetz oder auf Grund eines Gesetzes zu zivilen

Dienstleistungen für Zwecke der Verteidigung einschließlich des Schutzes der Zivilbevölkerung in Arbeitsverhältnisse verpflichtet werden; Verpflichtungen in öffentlich-rechtliche Dienstverhältnisse sind nur zur Wahrnehmung polizeilicher Aufgaben oder solcher hoheitlichen Aufgaben der öffentlichen Verwaltung, die nur in einem öffentlich-rechtlichen Dienstverhältnis erfüllt werden können, zulässig. Arbeitsverhältnisse nach Satz 1 können bei den Streitkräften, im Bereich ihrer Versorgung sowie bei der öffentlichen Verwaltung begründet werden; Verpflichtungen in Arbeitsverhältnisse im Bereiche der Versorgung der Zivilbevölkerung sind nur zulässig, um ihren lebensnotwendigen Bedarf zu decken oder ihren Schutz sicherzustellen.

对于未根据第一款或第二款应征服役的服役义务人，可通过法律或依据法律科以在防御状态下履行防务性的，包括民防的民事役义务，并为此受雇并订立劳动关系。规定服役义务人受雇并订立公法服务关系时，只能允许执行警察事务或此类只可通过订立公法服务关系而完成的国家官方公共管理任务，在武装部队建立第一句所指的劳动关系时，可限定在其后勤或公共管理部门服役；在平民生活供给方面规定受雇并订立劳动关系时，只有在满足平民生活必需品供应或保障他们安全有必要时，方可准许。

# Aufgabe 103

**Was ist in Deutschland „wehrpflichtig"?**

☐ **alle Frauen und Männer, die 18 Jahre alt sind**

☐ **alle männlichen Staatsbürger, die 18 Jahre alt sind**

☐ **alle Frauen und Männer, die 21 Jahre alt sind**

☐ **alle Männer, die 16 Jahre alt sind**

**在德国"有服兵役义务的"是针对__________。**

☐ **所有年满 18 岁的男人和女人**

☐ **所有年满 18 岁的男性公民**

☐ **所有年满 21 岁的男人和女人**

☐ **所有年满 16 岁的男人**

**解析**：所有年满 18 岁的男性公民

**知识拓展**：参见《基本法》第一章第十二 a 条：

(1) Männer können vom vollendeten achtzehnten Lebensjahr an zum Dienst in den Streitkräften, im Bundesgrenzschutz oder in einem Zivilschutzverband verpflichtet werden.

男子年满 18 周岁，即可担负在武装部队、联邦边防部队或民防组织中服役的义务。

# Aufgabe 104

**Eine Frau in Deutschland verliert ihre Arbeit. Was darf nicht der Grund für diese Entlassung sein?**

- □ **Die Frau ist lange krank und arbeitsunfähig.**
- □ **Die Frau kam oft zu spät zur Arbeit.**
- □ **Die Frau erledigt private Sachen während der Arbeitszeit.**
- □ **Die Frau bekommt ein Kind und ihr Chef weiß das.**

在德国一位女士失去一份工作。下列哪个选项不能成为其失去工作的理由?

- □ 这位女士长期生病并丧失劳动能力。
- □ 这位女士上班经常迟到。
- □ 这位女士在工作期间做私人事情。
- □ 这位女士生了孩子并且老板知晓了这件事。

**解析**：这位女士生了孩子并且老板知晓了这件事

**知识拓展**：德国长期以来一直面临着人口负增长的问题。为解决由此引发的问题，德国政府长期大量地投入财政力量，不断推出针对家庭、母亲、儿童的优惠政策，分担因生儿育女所带来的家庭麻烦和经济负担，为母亲提供有效的帮助，解决她们的后顾之忧。德国《生育保险法》规定，生育妇女享有三年停薪留职育儿期，公司必须为生孩子的女职员保留三年工作职位。三年后公司必须无条件地接受女职员重返工作岗位。因此，在德国，妇女不会因为生孩子而失去工作。

除上述规定外，德国对怀孕女职员还立有多种法律保护条文和工作岗位保留规定。如职业妇女怀孕生育，只要怀孕初期在法规医疗保险中保了孕妇险(这个险种与医疗保险一样，雇主也要为之支付一半保费)，即可在分娩前六周至产后八周的产假期间，获得与工资相对应的产假津贴。在德国，很多妇女喜欢从事半天工作或无需纳税的短时工作。这类职业妇女，只要她们的丈夫有固定工作并缴纳法定家庭医疗保险，同样也可以申请每月 210 欧元的产假津贴。至于孕妇体检、分娩、产后检查及婴儿保健，无需个人承担任何费用，全部由医保支付。失业或低收入家庭则由民政部门提供社会救济。

此外，德国还制定了《保护职业母亲法》，解雇怀孕期间或产后四个月的妇女是违反该法第九条规定的。

# Aufgabe 105

**Was ist eine Aufgabe von Wahlhelfern / Wahlhelferinnen in Deutschland?**

☐ **Sie helfen alten Menschen bei der Stimmabgabe in der Wahlkabine.**

☐ **Sie schreiben die Wahlbenachrichtigungen vor der Wahl.**

☐ **Sie geben Zwischenergebnisse an die Medien weiter.**

☐ **Sie zählen die Stimmen nach dem Ende der Wahl.**

在德国，选举助手的工作任务是____________。

☐ 在选举站帮助老年人投票

☐ 在选举前写选举新闻

☐ 向媒体告知选举中期结果

☐ 在选举结束后清点选票数量

**解析**：在选举结束后清点选票数量

**知识拓展**：选举助手负责在选举站发放选票、监督选举的过程以及在选举结束后清点选票。在德国选举助手的工作多属于义务性质。

# Aufgabe 106

**In Deutschland helfen ehrenamtliche Wahlhelfer und Wahlhelferinnen bei den Wahlen. Was ist eine Aufgabe von Wahlhelfern / Wahlhelferinnen?**

☐ **Sie helfen Kinder und alten Menschen beim Wählen.**

☐ **Sie schreiben Karten und Briefe mit der Angabe des Wahllokals.**

☐ **Sie geben Zwischenergebnisse an Journalisten weiter.**

☐ **Sie zählen die Stimmen nach dem Ende der Wahl.**

在德国，名誉性（不取报酬）的选举助手在选举中发挥一定的作用。他们的任务是____________。

☐ 在选举中帮助儿童和老年人

☐ 填写注明了的卡片和信件

☐ 向记者告知选举中期结果

☐ **在选举结束后清点选票数量**

**解析**：在选举结束后清点选票数量

**知识拓展**：参见第105题。

## Aufgabe 107

**Für wie viele Jahre wird der Bundestag in Deutschland gewählt?**

☐ **2 Jahre**

☐ **4 Jahre**

☐ **6 Jahre**

☐ **8 Jahre**

德国联邦议院每____________选举一次？

☐ **2 年**

☐ **4 年**

☐ **6 年**

☐ **8 年**

**解析**：4 年

**知识拓展**：参见《联邦德国基本法》第三章第三十九条：

（1）Der Bundestag wird vorbehaltlich der nachfolgenden Bestimmungen auf vier Jahre gewählt.

联邦议院每四年选举一次。

## Aufgabe 108

**Bei einer Bundestagswahl in Deutschland darf jeder wählen，der …**

☐ **in der Bundesrepublik Deutschland wohnt und wählen möchte.**

☐ **Bürger / Bürgerin der Bundesrepublik Deutschland ist und mindestens 18 Jahre alt ist.**

☐ **seit mindestens 3 Jahren in der Bundesrepublik Deutschland lebt.**

□ **Bürger / Bürgerin der Bundesrepublik Deutschland ist und mindestens 21 Jahre alt ist.**

**在德国联邦议院选举中，每个__________拥有选举权。**

□ **居住在德意志联邦共和国并愿意参加选举的人**

□ **年满 18 岁的德国公民**

□ **在德意志联邦共和国至少生活三年以上的人**

□ **年满 21 岁的德国公民**

**解析**：年满 18 岁的德国公民

**知识拓展**：参见《联邦德国选举法》第三章第十二条：

(1) Wahlberechtigt sind alle Deutschen im Sinne des Artikel 116 Abs. 1 des Grundgesetzes, die am Wahltage

1. das achtzehnte Lebensjahr vollendet haben,
2. seit mindestens drei Monate in der Bundesrepublik Deutschland eine Wohnung innehaben oder sich sonst gewöhnlich aufhalten,
3. nicht nach Artikel 13 vom Wahlrecht ausgeschlossen sind.

(一)基本法第一百一十六条第一款意义上的所有德国人，只要其在选举日

1. 年满 18 周岁；
2. 至少三个月以来在德意志联邦共和国有住所或居留；
3. 没有根据第十三条被剥夺选举权的；

都有选举权。

# Aufgabe 109

**Welches Bundesland ist ein Stadtstaat?**

□ **Hamburg**

□ **Sachsen**

□ **Bayern**

□ **Thüringen**

**下列哪个联邦州是市州？**

□ **汉堡**

□ **萨克森**

□ **巴伐利亚**

□ **图林根**

**解析**：汉堡

**知识拓展**：德国共有三个市州，相当于我国的直辖市，分别是柏林(Berlin)、汉堡(Hamburg)和不来梅(Bremen)。

# Aufgabe 110

**In Deutschland darf man wählen. Was bedeutet das?**

☐ **Alle deutschen Staatsangehörigen dürfen wählen, wenn sie das Mindestalter erreicht haben.**

☐ **Nur verheiratete Personen dürfen wählen.**

☐ **Nur Personen mit einem festen Arbeitsplatz dürfen wählen.**

☐ **Alle Einwohner und Einwohnerinnen in Deutschland müssen wählen.**

在德国人们有选举权。这句话的含义是__________。

☐ 所有德国国民如果达到法定年龄都可以参加选举

☐ 只有已婚人士可以参加选举

☐ 只有拥有稳定工作的人可以参加选举

☐ 德国的所有居民必须参加选举

**解析**：所有德国国民如果达到法定年龄都可以参加选举

**知识拓展**：参见《基本法》第三章第三十八条：

(2) Wahlberechtigt ist, wer das achtzehnte Lebensjahr vollendet hat; wählbar ist, wer das Alter erreicht hat, mit dem die Volljährigkeit eintritt.

年满十八周岁者享有选举权；达到成年人年龄者享有被选举权。《联邦德国联邦选举法》对此的规定详见第108题。

# Aufgabe 111

**Die Wahlen in Deutschland sind…**

☐ **speziell.**

☐ **geheim.**

☐ **berufsbezogen.**

☐ **geschlechtsabhängig.**

在德国，选举是＿＿＿＿＿＿。

☐ 专门的

☐ 秘密的

☐ 同职业相关的

☐ 与性别有关的

**解析**：秘密的

**知识拓展**：参见《联邦德国联邦选举法》第三十三条保守选举秘密：

(1)应采取防护措施以使选民在不被看到的情况下，在选票上作标记并装入信封中。应使用选票箱、快选票用信封，以确保选举秘密进行。

# Aufgabe 112

**Wahlen in Deutschland gewinnt die Partei，die...**

☐ **die meisten Stimmen bekommt.**

☐ **die meisten Männer mehrheitlich gewählt haben.**

☐ **die meisten Stimmen bei den Arbeitern / Arbeiterinnen bekommen hat.**

☐ **die meisten Erststimmen für ihren Kanzlerkandidaten / ihre Kanzlerkandidatin erhalten hat.**

赢得德国大选的政党＿＿＿＿＿＿。

☐ 获得大多数的选票

☐ 在男士中赢得过半数的选票

☐ 在工人中赢得过半数的选票

☐ 为自己的总理候选人赢得过半数的第一选票

**解析**：获得大多数的选票

**知识拓展**：德国实行多党制，由获得议会多数席位的一个或多个政党单独或者联合执政。

在德国，选举按照一种稍作改良的方式进行，即“人员比例选举法”。每个选民可投两票，他以第一票选举本人所在选区的某党代表，第二票选举各党派的州候选人名单，决定议会中席位多少的是有效的第二票。

# Aufgabe 113

**An demokratischen Wahlen in Deutschland teilnehmen ist...**

☐ **eine Pflicht.**

☐ **ein Recht.**

☐ **ein Zwang.**

☐ **eine Last.**

在德国参加民主选举是____________。

☐ 义务

☐ 权利

☐ 强迫

☐ 负担

解析：义务

# Aufgabe 114

**Was bedeutet „aktives Wahlrecht" in Deutschland?**

☐ **Man kann gewählt werden.**

☐ **Man muss wählen gehen.**

☐ **Man kann wählen.**

☐ **Man muss zur Auszählung der Stimmen gehen.**

在德国"**aktives Wahlrecht**"的含义是____________。

☐ 人拥有被选举权

☐ 人必须参加选举

☐ 人拥有选举权

☐ 人必须参与选票的计数

解析：人拥有选举权

知识拓展：德国的法律法规保障公民的选举权，《基本法》第三章第三十八条第二款规定：

（2）Wahlberechtigt ist，wer das achtzehnte Lebensjahr vollendet hat；wählbar ist，wer das Alter erreicht hat，mit dem die Volljährigkeit eintritt.

年满十八周岁者享有选举权；达到成年人年龄者享有被选举权。

《联邦德国联邦选举法》第十二条对公民的选举权也有规定：

（一）基本法第一百一十六条第一款意义上的所有德国人，只要其在选举日：1. 年满 18 周岁；2. 至少三个月以来在德意志联邦共和国有住所或居留；3. 没有根据第 13 条被剥夺选举权的，都有选举权。

# Aufgabe 115

**Wenn Sie bei einer Bundestagswahl in Deutschland wählen dürfen，heißt das...**

☐ **aktive Wahlkampagne.**

☐ **aktives Wahlverfahren.**

☐ **aktiver Wahlkampf.**

☐ **aktives Wahlrecht.**

如果您被允许参与德国议院选举，这被称为＿＿＿＿＿＿。

☐ 主动的竞选活动

☐ 主动的竞选程序

☐ 主动的竞选

☐ 主动选举权

**解析**：主动选举权

**知识拓展**：有关德国选举权的规定详见第 114 题。

# Aufgabe 116

**Wie viel Prozent der Zweistimmen müssen Parteien mindestens bekommen，um in den Deutschen Bundestag gewählt zu werden?**

☐ **3%**

☐ **4%**

☐ **5%**

☐ **6%**

**想要在德国联邦议院选举中获胜的政党最少要获得__________的第二票。**

☐ **3%**

☐ **4%**

☐ **5%**

☐ **6%**

**解析**：5%

**知识拓展**：根据《联邦德国联邦选举法》第六条第六款：

在给州候选人名单分配席位时，只有那些在第二票投票中获得至少5%有效选票或者至少在三个选区获得一个席位的政党，才予以考虑。

这就是德国选举中著名的5%条款。

## Aufgabe 117

**Für wie viele Jahre wird der Bundestag in Deutschland gewählt?**

☐ **4 Jahre**

☐ **5 Jahre**

☐ **6 Jahre**

☐ **7 Jahre**

德国联邦议院每__________选举一次。

☐ 四年

☐ 五年

☐ 六年

☐ 七年

**解析**：四年

**知识拓展**：参见第107题。

## Aufgabe 118

**Was regelt das Wahlrecht in Deutschland?**

☐ **Wer wählen darf, muss wählen.**

☐ **Alle die wollen, können wählen.**

☐ **Wer nicht wählt, verliert das Recht zu wählen.**

☐ **Wer wählen darf, kann wählen.**

德国的选举奉行__________。

☐ 有选举权的，必须参加选举

☐ 想参加选举的都可以参加选举

☐ 没有参加选举的，将失去选举权

☐ 有选举权的，可以参加选举

**解析**：有选举权的，可以参加选举

**知识拓展**：在德国选举是自由的。每个人都可以在没有被强迫的情况下决定是否参加选举以及选择的对象。

# Aufgabe 119

**Wahlen in Deutschland sind frei. Was bedeutet das?**

☐ **Alle verurteilten Straftäter / Straftäterinnen dürfen nicht wählen.**

☐ **Wenn ich wählen gehen möchte, muss mein Arbeitgeber / meine Arbeitgeberin mir frei geben.**

☐ **Jede Person kann ohne Zwang entscheiden, ob sie wählen möchte und wen sie wählen möchte.**

☐ **Ich kann frei entscheiden, wo ich wählen gehen möchte.**

在德国选举是自由的。这句话的含义是__________。

☐ 所有判过刑的犯罪分子不准参加选举

☐ 如果我想去选举，我的雇主必须给我假

☐ 每个人都可以在没有被强迫的情况下决定是否参加选举以及选谁

☐ 我可以自由决定去哪里参加选举

**解析**：每个人都可以在没有强迫的情况下决定是否参加选举以及选谁

**知识拓展**：有关选举权的规定详见第 114 题。

# Aufgabe 120

**Das Wahlsystem in Deutschland ist ein...**

☐ **Zensuswahlrecht.**

☐ **Dreiklassenwahlrecht.**

☐ **Mehrheits- und Verhältniswahlrecht.**

☐ **allgemeines Männerwahlrecht.**

**德国的选举制度是__________。**

☐ **人口普查选举权**

☐ **三等级的选举权**

☐ **多数选举权和比例选举权**

☐ **男人普选权**

**解析**：多数选举权和比例选举权

**知识拓展**：德国于“二战”后开始采用混合代表制，即在选举中分别采用多数代表制(指候选人只要在一个选区内获得多数选票就可以当选的制度)和比例代表制(该制度按照各政党所获选票数在总票数中所占比例分配议员席位)两种方法计票，需选民进行两次投票。第一票选举选区议员，选出自己选区里最适合代表自己进入议会的人。换言之，用这张选票选人，与此人属于哪个政党无关，也可推选无党派人士。在一个选区里，谁得的选票最多，谁就进入议会；用第二张选票选举政党，基本上一个政党得到多少第二张选票，这个党在议会的比重就有多大。换言之，选民用第二张选票决定一个政党在议会所占席位的比例。德国联邦议院一半议员是由第一票直接选举产生，另一半由政党按照第二票的比例结果在政党内分配名额产生。

# Aufgabe 121

**Eine Partei möchte in den deutschen Bundestag. Sie muss aber eine Mindestanzahl an Wählerstimmen haben. Das heißt...**

☐ **5% - Hürde.**

☐ **Zulassungsgrenze.**

☐ **Basiswert.**

☐ **Richtlinie.**

**有一个政党想加入德国联邦议院，前提是它必须获得最低标准的选民选票，这一最低标准被称为__________。**

☐ **5%条款**

☐ **准入界限**

☐ **基准**

☐ **准则**

**解析**：5%条款

**知识拓展**：参见第 116 题。

# Aufgabe 122

**Welchem Grundsatz unterliegen Wahlen in Deutschland? Wahlen in Deutschland sind...**

☐ **frei, gleich, geheim.**

☐ **offen, sicher, frei.**

☐ **geschlossen, gleich, sicher.**

☐ **sicher, offen, freiwillig.**

**德国的选举要遵循哪项原则？在德国选举是__________。**

☐ **自由的、平等的、秘密的**

☐ **公开的、安全的、自由的**

☐ **封闭的、平等的、安全的**

☐ **安全的、公开的、自愿的**

**解析**：自由的、平等的、秘密的

**知识拓展**：参见《联邦德国选举法》第一章第一条：

（1）Der Deutsche Bundestag besteht vorbehaltlich der sich aus diesem Gesetz ergebenden Abweichungen aus 598 Abgeordneten. Sie werden in allgemeiner, unmittelbarer, freier, gleicher und geheimer Wahl von den wahlberechtigten Deutschen nach den Grundsätzen einer mit der Personalwahl verbundenen Verhältniswahl gewählt.

德国联邦议院由 598 名议员组成，但本法另有规定的除外。根据与直接选举相结合的比例选举制原则，议员由有选举权的德国人经普遍、直接、自由、平等和秘密的选举产生。

# Aufgabe 123

**Was ist in Deutschland die „5% - Hürde"?**

☐ **Abstimmungsregelung im Bundestag für kleine Parteien**

☐ **Anwesenheitskontrolle im Bundestag für Abstimmungen**

☐ **Mindestanzahl an Wählerstimmen, um ins Parlament zu kommen**

☐ **Anwesenheitskontrolle im Bundesrat für Abstimmungen**

**"5%条款"在德国指的是____________。**

☐ 联邦议院中针对小党派的表决规则

☐ 联邦议院为了表决设定的出席控制

☐ 为了参加议会所应获得的最少选民选票

☐ 联邦参议院为了表决设定的出席控制

**解析**：为了参加议会所应获得的最少选民选票

# Aufgabe 124

**Die Bundestagswahl in Deutschland ist die Wahl...**

☐ **des Bundeskanzlers / der Bundeskanzlerin.**

☐ **der Parlamente der Länder.**

☐ **des Parlaments für Deutschland.**

☐ **des Bundespräsidenten / der Bundespräsidentin.**

**在德国联邦议院选举____________。**

☐ 联邦总理

☐ 州议会

☐ 德国议会

☐ 联邦总统

**解析**：联邦总理

**知识拓展**：参见《基本法》第六章第六十三条：

(1) Der Bundeskanzler wird auf Vorschlag des Bundespräsidenten vom Bundestage ohne

Aussprache gewählt.

联邦总理根据联邦总统提名，由联邦议院不经讨论而选举产生。

# Aufgabe 125

**In einer Demokratie ist eine Funktion von regelmäßigen Wahlen,...**

☐ **die Bürger und Bürgerinnen zu zwingen, ihre Stimme abzugeben.**

☐ **nach dem Willen der Wählermehrheit, den Wechsel der Regierung zu ermöglichen.**

☐ **im Land bestehende Gesetze beizubehalten.**

☐ **den Armen mehr Macht zu geben.**

在民主国家里，常规性选举的目的是____________。

☐ 强迫公民投票选举

☐ 依照大多数选民的意愿使政府更换得以实现

☐ 保持国家现行的法律不变

☐ 赋予军队更多的权力

**解析：**依照大多数选民的意愿使政府更换得以实现

**知识拓展：**选举是人民参与国家意志形成的一种方式，人民通过选举表达自己的意愿，选出代表国家机关工作人员，进而参与国家管理。

德国《基本法》第二章第二十条第二款规定：

(2) Alle Staatsgewalt geht vom Volke aus. Sie wird vom Volke in Wahlen und Abstimmungen und durch besondere Organe der Gesetzgebung, der vollziehenden Gewalt und der Rechtsprechung ausgeübt.

所有的国家权力来自人民。公民通过选举和投票并以立法、行政和司法机关行使国家权力。

第三章第三十八条第一款规定：

(1) Die Abgeordneten des Deutschen Bundestages werden in allgemeiner, unmittelbarer, freier, gleicher und geheimer Wahl gewählt. Sie sind Vertreter des ganzen Volkes, an Aufträge und Weisungen nicht gebunden und nur ihrem Gewissen unterworfen.

德国联邦议院的议员由普遍、直接、自由、平等和无记名的选举产生。他们是全体人民的代表，不受委托和指令的约束，只基于其良心任职。

在德国，联邦总理组阁，产生联邦政府，而联邦总理的选举根据《基本法》第六章第六十三条：

(1) Der Bundeskanzler wird auf Vorschlag des Bundespräsidenten vom Bundestage ohne Aussprache gewählt.

联邦总理根据联邦总统提名，由联邦议院不经讨论而选举产生。

(2) Gewählt ist, wer die Stimmen der Mehrheit der Mitglieder des Bundestages auf sich vereinigt. Der Gewählte ist vom Bundespräsidenten zu ernennen.

获得联邦议院过半数票者当选为联邦总理。当选人必须由联邦总统任命。

因此人民通过选举联邦议院议员可以使议院议员的组成发生变化，进而影响联邦总理的选举，从而影响政府的更换。这是常规性选举的目的和意义所在。

# Aufgabe 126

**Was bekommen wahlberechtigte Bürger und Bürgerinnen in Deutschland vor einer Wahl?**

□ **eine Wahlbenachrichtigung von der Gemeinde.**

□ **eine Wahlerlaubnis vom Bundespräsidenten / von der Bundespräsidentin.**

□ **eine Benachrichtigung von der Bundesversammlung.**

□ **eine Benachrichtigung vom Pfarramt.**

在德国，拥有选举权的公民在选举前通常会________。

□ 收到来自乡镇的选举通知

□ 得到来自于联邦总统的选举许可

□ 收到来自联邦大会的通知

□ 收到来自牧师的通知

**解析**：收到来自乡镇的选举通知

**知识拓展**：参见《联邦德国联邦选举法》第十七条：

(一)乡镇行政机构为每一个投票区编制一份选民名单。选民名单必须在选举前第20个至第16个工作日公布。

# Aufgabe 127

**Warum gibt es die 5% - Hürde im Wahlgesetz der Bundesrepublik Deutschland? Es gibt sie, weil...**

□ **die Programme von vielen kleinen Parteien viele Gemeinsamkeiten haben.**

☐ **die Bürger und Bürgerinnen bei vielen kleinen Parteien die Orientierung verlieren können.**

☐ **viele kleine Parteien die Regierungsbildung erschweren.**

☐ **die kleinen Parteien nicht so viel Geld haben，um die Politiker und Politikerinnen zu bezahlen.**

**联邦德国选举法中设有“5%条款”的原因是__________。**

☐ **许多小党派的纲领具有很多共通之处**

☐ **很多小党派中的公民可能失去了方向**

☐ **太多小党派使得政府组成复杂化**

☐ **小党派没有充足的资金支付给政客**

**解析**：太多小党派使得政府组成复杂化

**知识拓展**：在联邦德国创建时，当时的政治家担心议会里小党过多会造成混乱，于是定下只有多于5%选民支持的政党才能进入议会。这就是所谓的“5%门槛”。

# Aufgabe 128

**Parlamentsmitglieder，die von den Bürgern und Bürgerinnen gewählt werden，nennt man...**

☐ **Abgeordnete.**

☐ **Kanzler / Kanzlerin.**

☐ **Botschafter / Botschafterin.**

☐ **Ministerpräsident / Ministerpräsidentin.**

**由公民选举产生的议会成员被称为__________。**

☐ **议员**

☐ **联邦总理**

☐ **大使**

☐ **州长**

**解析**：议员

**知识拓展**：参见《基本法》第三章第三十八条：

（1）Die Abgeordneten des Deutschen Bundestages werden in allgemeiner，unmittelbarer，freier，gleicher und geheimer Wahl gewählt. Sie sind Vertreter des ganzen Volkes，an Aufträge und Weisungen nicht gebunden und nur ihrem Gewissen unterworfen.

德国联邦议院的议员由普遍、直接、自由、平等和无记名的选举产生。他们是全体人民的代表，不受委托和指令的约束，只基于其良心任职。

## Aufgabe 129

**Vom Volk gewählt wird in Deutschland...**

**□ der Bundeskanzler / Bundeskanzlerin.**

**□ der Ministerpräsident / die Ministerpräsidentin eines Bundeslandes.**

**□ der Bundestag.**

**□ der Bundespräsident / die Bundespräsidentin.**

**在德国__________是民众选出来的。**

**□ 联邦总理**

**□ 州长**

**□ 联邦议院**

**□ 联邦总统**

**解析**：联邦议院

**知识拓展**：参见《基本法》第三章第三十八条：

(1) Die Abgeordneten des Deutschen Bundestages werden in allgemeiner, unmittelbarer, freier, gleicher und geheimer Wahl gewählt. Sie sind Vertreter des ganzen Volkes, an Aufträge und Weisungen nicht gebunden und nur ihrem Gewissen unterworfen.

德国联邦议院的议员由普遍、直接、自由、平等和无记名的选举产生。他们是全体人民的代表，不受委托和指令的约束，只基于其良心任职。

《联邦德国联邦选举法》对此也有相关规定，参见第一条对德国联邦议院的组成和选举地原则的规定：

(一)德国联邦议院由598名议员组成，但本法另有规定的除外。根据与直接选举相结合的比例选举制原则，议员由有选举权的德国人经普遍、直接、自由、平等和秘密的选举产生；

(二)其中，299名议员根据选区候选人提名在各选区选举产生，其余议员则根据州候选人提名(州候选人名单)选举产生。

联邦总统及联邦总理的产生参见《基本法》第五章第五十四条：

(1) Der Bundespräsident wird ohne Aussprache von der Bundesversammlung gewählt. Wählbar ist jeder Deutsche, der das Wahlrecht zum Bundestage besitzt und das vierzigste Lebensjahr vollendet hat.

联邦总统由联邦大会不经讨论而选举产生。凡年满40周岁并享有联邦议院选举权的德国人均可参选。

《基本法》第六章第六十三条：

(1) Der Bundeskanzler wird auf Vorschlag des Bundespräsidenten vom Bundestage ohne Aussprache gewählt.

联邦总理根据联邦总统提名，由联邦议院不经讨论而选举产生。

此外，在德国，州长不是联邦总理选派或任命的，而是通过州议会产生的，自有其民意基础。

# Aufgabe 130

**Welcher ist ein Bezirk von Berlin?**

☐ **Altona**

☐ **Prignitz**

☐ **Pankow**

☐ **Demmin**

下列哪个是柏林的一个区？

☐ 阿托纳区

☐ 皮格尼茨区

☐ 潘科区

☐ 戴名区

**解析**：潘科区

**知识拓展**：2001 年 1 月，柏林实施行政改革，把 23 个区合并为 12 个区(Bezirke)，每一个区再细分成为分区(Stadtteile)，代表传统的都市化地方。今天柏林的 12 个区共有 96 个地方政府，每个地方政府再由数个街道(Kiez)组成。柏林每个区都有各自的区议会(Bezirksamt)，有五位评议员(Bezirksstadtr & aumlte)及一位区长(Bezirksbürgermeister)，区议会成员由区大会(Bezirksverordnetenversammlung)经选举产生。具体行政区划如下：

1. 米特区 Mitte，
2. 弗里德里希斯海因-克罗伊茨贝格 Friedrichshain-Kreuzberg，
3. 潘科区 Pankow，
4. 夏洛滕堡-威默尔斯多夫区 Charlottenburg-Wilmersdorf，
5. 施潘道区 Spandau，
6. 施特格利茨-策伦多夫区 Steglitz-Zehlendorf，
7. 藤珀尔霍夫-舍内贝格区 Tempelhof-Schöneberg，
8. 新克尔恩区 Neuk&ouml lln，

9. 特雷普托-克佩尼克区 Treptow-Köpenick,
10. 马灿-海勒斯多夫区 Marzahn-Hellersdorf,
11. 利希滕贝格区 Lichtenberg,
12. 赖尼肯多夫区 Reinickendorf。

# Aufgabe 131

**In Deutschland ist ein Bürgermeister / eine Bürgermeisterin...**

☐ **der Leiter / die Leiterin einer Schule.**
☐ **der Chef / die Chefin einer Bank.**
☐ **das Oberhaupt einer Gemeinde.**
☐ **der / die Vorsitzende einer Partei.**

**在德国"Bürgermeister / Bürgermeisterin"是__________。**

☐ **学校的领导**
☐ **银行行长**
☐ **地区的最高长官**
☐ **党派的主席**

解析：地区的最高长官

# Aufgabe 132

**Viele Menschen in Deutschland arbeiten in ihrer Freizeit ehrenamtlich. Was bedeutet das?**

☐ **Sie arbeiten als Soldaten / Soldatinnen.**
☐ **Sie arbeiten freiwillig und unbezahlt in Vereinen und Verbänden.**
☐ **Sie arbeiten in der Bundesregierung.**
☐ **Sie arbeiten in einem Krankenhaus und verdienen dabei Geld.**

**在德国，很多人利用业余时间从事义务工作。如何解读这种现象？**

☐ **他们是军人。**
☐ **他们自愿并无偿地在协会和组织里工作。**

☐ 他们在联邦政府工作。

☐ 他们在医院工作赚钱。

**解析：**他们自愿并无偿地在协会和组织里工作。

# Aufgabe 133

**Was ist bei Bundestags- und Landtagswahlen in Deutschland erlaubt?**

☐ **Der Ehemann wählt für seine Frau mit.**

☐ **Man kann durch Briefwahl seine Stimme abgeben.**

☐ **Man kann am Wahltag telefonisch seine Stimme abgeben.**

☐ **Kinder ab dem Alter von 14 Jahren dürfen wählen.**

**在德国联邦议院选举和州议院选举中，下列哪项是被允许的？**

☐ 丈夫替妻子投票。

☐ 通过邮寄方式参加投票。

☐ 在选举日通过电话投票。

☐ 年满14岁的儿童可以参加选举。

**解析：**通过邮寄方式参加投票。

**知识拓展：**参见《联邦德国选举法》第五章第三十六条：

Briefwahl

(1) Bei der Briefwahl hat der Wähler dem Kreiswahlleiter des Wahlkreises, in dem der Wahlschein ausgestellt worden ist, im verschlossenen Wahlbriefumschlag

a) seinen Wahlschein

b) in einem besonderen verschlossenen Stimmzettelumschlag seinen Stimmzettel

so rechtzeitig zu übersenden, dass der Wahlbrief spätestens am Wahltag bis 18 Uhr eingeht.

通信选举

(1) 在以通信方式进行选举时，选民

a) 将他的选举证装在封好的通信选举信封内，

b) 将他的选票装在一个特别封好的选举信封内，

适时寄给签发选举证的县选举委员会主任，以使选举信最迟在选举日的18时以前到达。

# Aufgabe 134

**Man will die Buslinie abschaffen, mit der Sie immer zur Arbeit fahren. Was können Sie machen, um die Buslinie zu erhalten?**

□ **Ich beteilige mich an einer Bürgerinitiative für die Erhaltung der Buslinie oder gründe selber eine Initiative.**

□ **Ich werde Mitglied in einem Sportverein und trainiere Radfahren.**

□ **Ich wende mich an das Finanzamt, weil ich als Steuerzahler / Steuerzahlerin ein Recht auf die Buslinie habe.**

□ **Ich schreibe einen Brief an das Forstamt der Gemeinde.**

**您上班一直乘坐的一条公交线路将要被取消。为了保留这条线路，您会怎样做？**

□ **我会加入旨在保留公交线路的民间自发活动或者自己组织一个这样的活动。**

□ **我会加入运动协会练习骑自行车。**

□ **我会求助于税务局，因为作为纳税人我有使用这条公交线路的权利。**

□ **我会给地区森林管理局写信求助。**

**解析**：我会加入旨在保留公交线路的民间自发活动或者自己组织一个这样的活动。

**知识拓展**：《基本法》第一章第九条保障公民结社自由：

（1）Alle Deutschen haben das Recht, Vereine und Gesellschaften zu bilden.

所有德国人均享有结社的权利。

（2）Vereinigungen, deren Zwecke oder deren Tätigkeit den Strafgesetzen zuwiderlaufen oder die sich gegen die verfassungsmäßige Ordnung oder gegen den Gedanken der Völkerverständigung richten, sind verboten.

社团的宗旨和活动违反刑法、宪法秩序或违反民族谅解原则的，予以禁止。

（3）Das Recht, zur Wahrung und Förderung der Arbeits- und Wirtschaftsbedingungen Vereinigungen zu bilden, ist für jedermann und für alle Berufe gewährleistet. Abreden, die dieses Recht einschränken oder zu behindern suchen, sind nichtig, hierauf gerichtete Maßnahmen sind rechtswidrig.

保障所有人和所有职业为保护和改善劳动、经济条件而结社的权利。限制或妨碍此项权利的协议均属无效，为此采取的措施均属违法。

# Aufgabe 135

**Wen vertreten die Gewerkschaften in Deutschland?**

☐ **große Unternehmen**

☐ **kleine Unternehmen**

☐ **Selbständige**

☐ **Arbeitnehmer und Arbeitnehmerinnen**

在德国工会代表____________。

☐ 大企业

☐ 小企业

☐ 自由职业者

☐ 雇员

**解析**：雇员

**知识拓展**：工会代表雇员的利益。工会同雇主们谈判劳资集体合同。此外，工会还支持员工成立企业管理委员会，在与企业发生冲突时支持员工，并在同雇主发生争执时代表员工的利益。德国工会联合会(DGB)是工会的最高组织。有关工会的其他知识详见第101题。

德国制定了各种法律法规以充分保障雇员的利益，例如德国《劳动法》，它分为三大版块：个体劳动法、集体劳动法和劳动保护法。个体劳动法以私法意义的债权债务关系为调整对象，规范劳动合同中雇主和雇员的权利义务；集体劳动法主要规范工会(Gewerkschaft)和企业委员会(Betriebsrat)等机构，通过工会与雇主之间订立劳资协定(Tarifvertrag)、企业委员会参与企业决策制定等增强雇员个体的力量，以求尽量与雇主平等的地位；劳动保护法属公法范畴，基本调整内容为如何预防危险、国家实施监控及相应的处罚条例，如劳动时间法、健康保护法等。

# Aufgabe 136

**Sie gehen in Deutschland zum Arbeitsgericht bei...**

☐ **falscher Nebenkostenabrechnung.**

☐ **ungerechtfertigter Kündigung durch Ihren Chef / Ihre Chefin.**

☐ **Problemen mit den Nachbarn / Nachbarinnen.**

☐ **Schwierigkeiten nach einem Verkehrsunfall.**

**在德国，在下列哪种情况下您需要去劳工法庭?**

☐ **附加费用扣除错误。**

☐ **被雇主无正当理由开除。**

☐ **和邻居产生纠纷。**

☐ **发生交通事故后生活困难。**

**解析**：被雇主无正当理由开除

**知识拓展**：劳工法院的审理范围主要包括：审理劳资纠纷、工会案件等工作领域的问题。受到不公正待遇被开除应到劳工法庭寻求帮助。德国制定了《解雇保护法》，当被解雇的员工认为解雇因不符合社会公正性或者其他原因而无效的(《解雇保护法》第四条)，均可在解雇信到达后起三周内向劳工法院提出起诉。

# Aufgabe 137

**Welches Gericht ist in Deutschland bei Konflikten in der Arbeitswelt zuständig?**

☐ **das Familiengericht**

☐ **das Strafgericht**

☐ **das Arbeitsgericht**

☐ **das Amtsgericht**

**在德国__________负责解决工作领域产生的纠纷。**

☐ **家庭事务法庭**

☐ **刑事法庭**

☐ **劳工法庭**

☐ **地方法院**

**解析**：劳工法庭

**知识拓展**：劳工法院的审理范围主要包括审理劳资纠纷、工会案件等工作领域的问题。

德国的法院体系包括：宪法法院、普通法院、劳动法院、财税法院、社会法院和行政法院。《基本法》第九章第九十五条规定：

(1) Für die Gebiete der ordentlichen, der Verwaltungs-, der Finanz-, der Arbeits- und der Sozialgerichtsbarkeit errichtet der Bund als oberste Gerichtshöfe den Bundesgerichtshof, das Bundesverwaltungsgericht, den Bundesfinanzhof, das Bundesarbeitsgericht und das

Bundessozialgericht.

对于普通法院体系、行政法院体系、财税法院体系、劳动法院体系和社会法院体系，由联邦设立联邦最高法院、联邦行政法院、联邦财税法院、联邦劳动法院和联邦社会法院为联邦各个最高法院。

下面对德国的法院体系进行简单介绍：

1. 宪法法院：德国是一个联邦国家，各邦州有自己的宪法，位于各邦州之上的联邦有自1949年起生效的德国联邦宪法，即《基本法》(Grundgesetz，简称GG)。各邦设有自己的邦宪法法院，例如：柏林宪法法院(Verfassungsgerichtshof des Landes Berlin)、巴伐利亚宪法法院(Bayerischer Verfassungsgerichtshof，位于慕尼黑)、联邦则有联邦宪法法院(Bundesverfassungsgericht，位于卡尔斯鲁厄)。

2. 普通法院

只要不属于宪法法院，也不属于以下提到的"专门法院"管辖之案件，皆属普通法院管辖，主要是民事和刑事案件。

1)邦州层级

分为三级，从下到上依次为地方法院(Amtsgericht，直译为"行政区法院")、高等法院(Landesgericht，直译为"邦法院")、邦最高法院(Oberlandesgericht，直译为"上邦法院")。例外名称：柏林的最高法院叫做Kammergericht，是全德国唯一一座以此命名的邦层级最高法院。

2)联邦层级

联邦专利权法院(Bundespatentgericht)：专门管辖由邦层级法院上诉到联邦法院的专利权、商标权案件，位于慕尼黑。联邦最高法院(Bundesgerichtshof，直译为"联邦法院")：管辖所有上诉到联邦层级的案件，是德国境内普通法院的最终审，位于卡尔斯鲁厄。

3. 劳动法院

审理劳资纠纷、工会案件。

1)邦州层级

分为两级，由下到上依次为劳动法院(Arbeitsgericht)、邦劳动法院(Landesarbeitsgericht)。

2)联邦层级

只有一级：联邦最高劳工法院(Bundesarbeitsgericht)，位于埃尔福特(Erfurt)。

4. 财税法院

财税法院(Finanzgericht)负责纳税人与公共财税部门，如税务局与海关之间的诉讼。

1)邦州层级

只有一级：财税法院(Finanzgericht)，各州一般只设一个财税法院，而巴伐利亚州有2处，北威州有3处。自2007年以来，柏林与勃兰登堡州设置一处共同的财税法院，位于科特布斯。因此，目前德国共有18所州一级的财税法院。

2)联邦层级

只有一级：联邦财税法院(Bundesfinanzgericht)，位于慕尼黑。

5. 社会法院

审理有关社会保险、社会福利的案件。

1)邦州层级

分为两级，由下到上依次为社会法院(Sozialgericht)、邦社会法院(Landessozialgericht)。

2)联邦层级

只有一级：联邦社会法院(Bundessozialgericht)，位于卡塞尔(Kassel)。

6. 行政法院

审理不属于专门法院的公法案件。

1)邦州层级

分为两级，由下到上依次为行政法院(Verwaltungsgericht)、高等行政法院(Oberverwaltungsgericht)。有些邦的高等行政法院被称为“××(邦)行政法院”，例如：巴伐利亚行政法院(Bayerischer Verwaltungsgerichtshof)、巴登符腾堡行政法院(Verwaltungsgerichtshof Baden-Württemberg)。

2)联邦层级

联邦行政法院(Bundesverwaltungsgericht)：审理由邦层级法院上诉到联邦的其他行政诉讼，位于莱比锡(Leipzig)。

联邦军事法院(Truppendienstgericht)：审理军人职务案件。有两座，北德的在明斯特(Münster)，南德的在慕尼黑(München)。

## Aufgabe 138

**Was kann ich in Deutschland machen，wenn mir mein Arbeitgeber / meine Arbeitgeberin zu Unrecht gekündigt hat?**

- □ **weiter arbeiten und freundlich zum Chef / zur Chefin sein**
- □ **ein Mahnverfahren gegen den Arbeitgeber / die Arbeitgeberin führen**
- □ **Kündigungsschutzklage erheben**
- □ **den Arbeitgeber / die Arbeitgeberin bei der Polizei anzeigen**

在德国如果遭受雇主不公正的解雇，我可以__________。

- □ 继续工作，对雇主友好
- □ 启动针对雇主讨还损失的程序
- □ 提起免遭不公正解雇保护的起诉
- □ 到警察那里指控雇主

解析：提起免遭不公正解雇保护的起诉

**知识拓展**：解雇保护的起诉：被解雇的员工认为解雇因不符合社会公正性或者其他原因而无效的(《解雇保护法》第四条)，均可在解雇信到达后起三周内向劳工法院提出起诉。雇员可以授权其附属的工会作为诉讼代理人，工会一般会向其成员提供免费的法律援助。收入较低的雇员如果聘请律师作为诉讼代理人，可以依据《劳工法院法》第十一a条向法官提出诉讼费用救济申请。法官将审查起诉是否有意义，在确定起诉不属于恶意之举(mutwillig)的情况下，依据申请方的月收入及家庭状况做出决定。如果诉讼费用救济的申请得到批准，申请人将以月供的形式交纳诉讼费用(具体规定见《民事诉讼法》第一百一十四条至第一百二十七a条)。

从保护雇员的目的出发，劳工法院审判程序中产生的诉讼费用明显低于其他民事诉讼的费用；法院也不收取案件受理费。《劳工法院法》第十二a条规定，在第一审判决程序中产生的诉讼代理费用将由诉讼当事人各自承担，不因某方败诉而承担胜诉方的相关费用。

# Aufgabe 139

**Wann kommt es in Deutschland zu einem Prozess vor Gericht? Wenn jemand...**

☐ **zu einer anderen Religion übertritt.**

☐ **eine Straftat begangen hat und angeklagt wird.**

☐ **eine andere Meinung als die der Regierung vertritt.**

☐ **sein Auto falsch geparkt hat und es abgeschleppt wird.**

在德国如果____________，要在法庭提起诉讼。

☐ 要改入另一宗教

☐ 有犯罪行为并被控告

☐ 持有不同政见

☐ 汽车错误地停车并被拖走

**解析**：有犯罪行为并被控告

# Aufgabe 140

**Was macht ein Schöffe / eine Schöffin in Deutschland? Er / Sie...**

☐ **setzt mit einem Richter / einer Richterin das Strafmaß fest.**

☐ **gibt Bürgern / Bürgerinnen rechtlichen Rat.**

☐ **stellt Urkunden aus.**

☐ **verteidigt den Angeklagten / die Angeklagte.**

**在德国，陪审员的工作职责是什么？他/她________。**

☐ **同法官一起规定惩罚尺度**

☐ **给公民法律上的建议**

☐ **出具证件**

☐ **为被告辩护**

**解析**：同法官一起规定惩罚尺度

**知识拓展**：德国比任何欧洲大陆国家更加广泛地使用参审制合议庭来处理案件。所谓参审制合议庭，就是由陪审员和法官共同组成的混合合议庭，是大陆法系国家实行陪审制的主要方式。德国的陪审员与法官要承担同样的职责，对于事实的认定、法律的适用都有权独立决定。陪审员只能通过在法院进行开庭审理后才能被罢免。他们宣誓就职后，必须主持正义，严格遵循司法程序，保守司法秘密，依法裁决案件。法官有义务在他们为参审制合议庭的书面判决中，指出错误的裁判理由，因此，企图歪曲或无视法律的陪审员会遭到法官的反诘："这将被上诉推翻。"

陪审员的独立性虽然有法律保证，但他们仍然有可能受法官的影响。陪审员与法官一起共同决策，并不能单独地进行裁决。大陆法系奉行职权主义诉讼模式，以法官为中心，法官调控庭审过程，占主导地位。法官在诉讼全过程中一直参加，而陪审员仅仅在开庭时才介入案件，自然他与法官所获得的案件信息不对称，再加上专门知识的缺乏、司法经验的不足，所以陪审员非常容易受到法官的影响，从而丧失其独立性。

# Aufgabe 141

**Wer berät in Deutschland Personen bei Rechtsfragen und vertritt sie vor Gericht?**

☐ **ein Rechtsanwalt / eine Rechtsanwältin**

☐ **ein Richter / eine Richterin**

☐ **ein Schöffe / eine Schöffin**

☐ **ein Staatsanwalt / eine Staatsanwältin**

**在德国________在法律问题上给当事人提供意见并在法庭上代表他。**

☐ **律师**

☐ **法官**

☐ **陪审员**

☐ 检察官

解析：律师

知识拓展：德国律师是有资格的独立法律顾问，可以是各种法律事务的代理人，也可以是刑事案件中的辩护律师。法庭可指定律师为被告人提供辩护服务。在民事诉讼中，律师原则上可以在州法庭、州高等法院和联邦法院出庭代理诉讼。在刑事案件中，任何律师都可在联邦地区内，在任何德国法庭上辩护。德国也允许高等学校法律教师充当辩护律师。

在德国，律师是"独立的司法机构"，只有那些依《德国法官法》有资格任法官的人才可以成为律师。德国律师作为自由职业者，其活动既不受政府的控制，也不负有公务员那种对国家效忠的义务，其存在的意义在于使公民有机会获得不受国家影响的法律专家的服务。当然，律师也必须遵守法律以及行业的职业操守。

在德国法院提起诉讼，诉讼代理人必须是在德国有法官资格并取得律师执业许可的人，即执业律师。执业律师又称持牌律师，在德国，执业律师是担任各类法律事务的、独立的顾问人和代表人。德国的执业律师并不需要有德国国籍，但需要具备德国法官的资格。德国所有的执业律师都是其执业当地的律师协会的会员，其姓名和执业许可也必须在法院登记备案。

# Aufgabe 142

**Was ist die Hauptaufgabe eines Richters / einer Richterin in Deutschland? Ein Richter / eine Richterin...**

☐ **vertritt Bürger und Bürgerinnen vor einem Gericht.**

☐ **arbeitet an einem Gericht und spricht Urteile.**

☐ **ändert Gesetze.**

☐ **betreut Jugendliche vor Gericht.**

在德国，法官的主要职责是____________。

☐ 在法庭上代表公民

☐ 在法庭里工作和宣读判决

☐ 修改法律

☐ 在法庭上照顾少年

解析：在法庭里工作和宣读判决

知识拓展：根据德国《法官法》的相关规定，法官的作用主要是行使司法权，对案件进行审判。除行使裁判职权之外，《法官法》第一章第四节规定法官还可以：

1. 行使管理法院的职权；2. 行使法律赋予法院或法官的其他职权；3. 进行研究并

执教于高等教育研究所、公共教育机构或官方教育机构；4. 行使与考试事务有关的职权；5. 在调解机构及《联邦人事代表法》第一百零四节第二句含义所指的相应独立机构担任主任。

# Aufgabe 143

**Ein Richter / eine Richterin in Deutschland gehört zur...**

☐ **Judikative.**

☐ **Exekutive.**

☐ **Operative.**

☐ **Legislative.**

在德国法官隶属于＿＿＿＿＿＿＿。

☐ 司法

☐ 行政

☐ 决策

☐ 立法

解析：司法

知识拓展：参见《基本法》第九章有关司法的规定，第九十二条：

Die rechtsprechende Gewalt ist den Richtern anvertraut; sie wird durch das Bundesverfassungsgericht, durch die in diesem Grundgesetze vorgesehenen Bundesgerichte und durch die Gerichte der Länder ausgeübt.

司法权委托法官行使。联邦宪法法院和本《基本法》规定的各联邦法院和各州法院行使司法权。

# Aufgabe 144

**Ein Richter / eine Richterin gehört in Deutschland zur...**

☐ **vollziehenden Gewalt.**

☐ **rechtsprechenden Gewalt.**

☐ **planenden Gewalt.**

☐ **gesetzgebenden Gewalt.**

在德国，法官的职能隶属于＿＿＿＿＿＿。

☐ 执行权

☐ 审判权

☐ 计划权

☐ 立法权

解析：审判权

知识拓展：参见德国《法官法》第一章第四节有关法官不可兼得的职权的规定：

（1）Ein Richter darf Aufgaben der rechtsprechenden Gewalt und Aufgaben der gesetzgebenden oder der vollziehenden Gewalt nicht zugleich wahrnehmen.

法官不得在行使裁判职权的同时担任立法或行政职务。由此可知，法官的职能隶属于审判权。

# Aufgabe 145

**In Deutschland wird die Staatsgewalt geteilt. Für welches Staatsgewalt arbeitet ein Richter / eine Richterin? Für die...**

☐ **Judikative**

☐ **Exekutive**

☐ **Presse**

☐ **Legislative**

德国的国家权力一分为三。法官行使＿＿＿＿＿＿。

☐ 司法权

☐ 行政权

☐ 新闻发表权

☐ 立法权

解析：司法权

知识拓展：参见《基本法》第九章第九十二条：

Die rechtsprechende Gewalt ist den Richtern anvertraut; sie wird durch das Bundesverfassungsgericht, durch die in diesem Grundgesetze vorgesehenen Bundesgerichte und durch die Gerichte der Länder ausgeübt.

司法权委托法官行使。联邦宪法法院和本《基本法》规定的各联邦法院和各州法院行使司法权。

## Aufgabe 146

**Wie nennt man in Deutschland ein Verfahren vor einem Gericht?**

☐ **Programm**
☐ **Prozedur**
☐ **Protokoll**
☐ **Prozess**

在德国上庭之前的程序被称为____________。

☐ 纲领
☐ 程序
☐ 记录
☐ 诉讼

**解析**：诉讼

**知识拓展**：诉讼权利是一项宪法权利，以民事诉讼为例，整个过程可以分解为三个阶段。第一个阶段是提起诉讼。第二阶段是意见书交换阶段，这是正式进入庭审前的准备工作，第一轮是交换原诉状和被告答辩状，原告针对对方答辩状再谈自己的意见，然后又转到被告方，法官阅读这些意见书时肯定会提出问题，会让原告或被告针对他提出的问题提供意见书或者证据。几个回合之后，法官对这个案件的了解越来越清晰，一直到法官觉得可以做出基本的判断时，第二阶段即可结束。第三阶段是正式审理阶段，法官会定下时间开庭，进行事实调查和证据核对。法官综合第二阶段的资料以及庭审的资料进行判决，制作判决书并予以公布。

## Aufgabe 147

**Was ist die Arbeit eines Richters / einer Richterin in Deutschland?**

☐ **Deutschland regieren**
☐ **Recht sprechen**
☐ **Pläne erstellen**
☐ **Gesetze erlassen**

在德国，法官的工作是＿＿＿＿＿＿。

☐ 管理德国

☐ 执法

☐ 制定计划

☐ 颁布法律

**解析**：执法

**知识拓展**：参见德国《法官法》第一章第四节对法官职权的规定：

4. Unvereinbare Aufgaben

（1）Ein Richter darf Aufgaben der rechtsprechenden Gewalt und Aufgaben der gesetzgebenden oder der vollziehenden Gewalt nicht zugleich wahrnehmen.

法官不得在行使裁判职权的同时担任立法或行政职务。

（2）Außer Aufgaben der rechtsprechenden Gewalt darf ein Richter jedoch wahrnehmen

除行使裁判职权之外，法官还可以：

1. Aufgaben der Gerichtsverwaltung,

行使管理法院的职权，

2. andere Aufgaben, die auf Grund eines Gesetzes Gerichten oder Richtern zugewiesen sind,

行使法律赋予法院或法官的其他职权，

3. Aufgaben der Forschung und Lehre an einer wissenschaftlichen Hochschule, öffentlichen Unterrichtsanstalt oder amtlichen Unterrichtseinrichtung,

进行研究并执教于高等教育研究所、公共教育机构或官方教育机构，

4. Prüfungsangelegenheiten,

行使与考试事务有关的职权，

5. den Vorsitz in Einigungsstellen und entsprechenden unabhängigen Stellen im Sinne des §104 Satz 2 des Bundespersonalvertretungsgesetzes.

在调解机构及《联邦人事代表法》第一百零四节第二句含义所指的相应独立机构担任主任。

# Aufgabe 148

**Was ist eine Aufgabe der Polizei in Deutschland?**

☐ **das Land zu verteidigen**

☐ **die Bürgerinnen und Bürger abzuhören**

☐ **die Gesetze zu beschließen**

☐ **die Einhaltung von Gesetzen zu überwachen**

**在德国，警察的职责是____________。**

☐ **保卫国家**

☐ **监听公民**

☐ **表决通过法律**

☐ **监督法律的执行**

**解析**：监督法律的执行

**知识拓展**：在德国，联邦及各邦成立的警察部队属于执法机构。德国警察与警察组织分为联邦级和州级，分别由联邦内政部和各州内政部管理。各州都设有内政部，内政部下设警察厅、局、处、科、分局、派出所等。各州虽然在自己的《警察法》中规定了各州警察的具体任务，但多数大致相同，其主要任务如下：依据法律对危害公共安全和秩序的行为采取必要的措施；依据刑事诉讼法追究刑事犯罪分子的刑事责任；追究违法问题；依据交通法规监视和调整交通等。联邦级警察主要包括：边防、铁路、水上、刑事警察等，州警察主要包括：治安、交通、刑事、警备、水上治安警察。联邦和各州都有自己的警察和《治安法》。综上所述，警察的职责是监督法律的执行。

德国联邦执法机构：

德国联邦警察（Bundespolizei）—— 直属联邦内政部，提供出入境管制、应变部队支援邦警察以及国家反恐队伍 GSG9。

德国海岸警卫队（Küstenwache）—— 组合式海岸巡逻及搜救组织，由被抽调的联邦警察、海关船只担任。

德国联邦刑事调查局（Bundeskriminalamt，BKA）—— 德国刑事调查机构，直属联邦内政部。

宪兵(Feldjäger)—— 只对德国军方及军事设施的司法管制权。

德国海关调查局（Zollkriminalamt，ZKA）—— 直属联邦财政部，调查违反关税法例的机构。

德国国会警察（Polizei beim Deutschen Bundestag，DBT）—— 专门负责联邦议会大楼治安。

德国联邦宪法维护厅（Bundesamt für Verfassungsschutz，BfV）—— 反间谍及反极端主义机构，必须向德国三政府机构(行政、立法、司法)问责。

德国各邦执法机构就是各邦的警察。德国各邦警察架构：德国各邦的邦警察(Landespolizei)管理全联邦德国大部分警政。每个邦政府公布关于司法管制权和组织的警察法(Landespolizeigesetz，Sicherheits- und Ordnungsgesetz)。德国 16 邦的警察架构通常由以下队伍组成：

军装警员（Schutzpolizei，“Schupo”）。

本地刑事调查警员（Kriminalpolizei，“Kripo”）。

镇暴部队(Bereitschaftspolizei，“BePo”)—— 应变部队出动保持人群管制；德国联邦警察属下的镇暴部队亦可支援邦警察的镇暴部队。

邦刑事调查局(Landeskriminalamt，“LKA”)—— 若当地车辆爆窃与邦内其他地方相关，邦刑事调查局需要接手并负责与各地刑事调查警员协调。

水警（Wasserschutzpolizei，“WSP”)—— 内河水上警政。

特别行动突击队(Spezialeinsatzkommando，“SEK”)—— 邦警察的特警队。

公路警察(Autobahnpolizei)—— 德国各高速公路上的警政。

# Aufgabe 149

**Wer kann Gerichtsschöffe / Gerichtsschöffin in Deutschland werden?**

☐ **Alle in Deutschland geborenen Einwohner / Einwohnerinnen über 18 Jahre.**

☐ **Alle deutschen Staatsangehörigen älter als 24 und jünger als 70 Jahre.**

☐ **Alle Personen，die seit mindestens 5 Jahren in Deutschland leben.**

☐ **Nur Personen mit einem abgeschlossenen Jurastudium.**

**在德国，＿＿＿＿可以成为陪审员。**

☐ **所有在德国出生且年满 18 岁的居民**

☐ **所有年龄在 24~70 岁的德国公民**

☐ **所有在德国生活超过五年的人**

☐ **只有法律专业毕业的人**

**解析**：所有年龄在 24~70 岁的德国公民

**知识拓展**：德国是实行陪审制的代表性国家，适用陪审制审判的刑事法院主要有三类：区法院、地方法院和高等法院。德国的陪审员遴选采用相当特殊的提名制度，即由社会团体或政党提名并推荐遴选。在司法实践中，各政治组织所推荐的候选人数量应为实际所需陪审员数量的 2 倍。德国公共行政部门指定 1 名职业法官、1 名行政官员及 10 名值得信任的其他人员组成遴选团队，负责从候选名单中选出正式的陪审员。由于采用特殊的提名制度，德国法律对陪审员的资格限制相对宽松，主要由政治团体把关。一般而言，24 周岁以上 70 周岁以下、没有智力障碍、未患有影响裁判能力之严重疾病的德国公民可担任陪审员。但有犯罪记录、近期受到刑事侦查或权利能力受限的个人不得担任陪审员。此外，从事特定职业的公民，如法官、检察官或执法部门官员等不得兼任陪审员。原则上，政治团体有义务选出最可靠、最具民主代表性的陪审员。陪审员每 4 年遴选一次，可连任。每个陪审员每年任职 12 天，每小时可获得 4 欧元的补助。

# Aufgabe 150

**Ein Gerichtsschöffe / eine Gerichtsschöffin in Deutschland ist...**

☐ **der Stellvertreter / die Stellvertreterin des Stadtoberhaupts.**

☐ **ein ehrenamtlicher Richter / eine ehrenamtliche Richterin.**

☐ **ein Mitglied eines Gemeinderats.**

☐ **eine Person, die Jura studiert hat.**

在德国陪审员是__________。

☐ 城市最高长官的代表

☐ 荣誉法官

☐ 乡镇代表大会的成员

☐ 学习法律的人

解析：荣誉法官

知识拓展：在德国，所谓的“荣誉法官”实质上就是陪审员或参审员。通过法定程序将一般民众吸纳为临时审判者，将民众意见反映到司法裁判中去。被吸纳的民众通常视其为一种珍贵的“荣誉”，所以参审员又被称为“荣誉法官”。德国《法官法》第六章第四十五 a 节有关名誉法官的名称的规定如下：

45a. Bezeichnungen der ehrenamtlichen Richter：Die ehrenamtlichen Richter in der Strafgerichtsbarkeit führen die Bezeichnung „Schöffe“，die ehrenamtlichen Richter bei den Kammern für Handelssachen die Bezeichnung „Handelsrichter“ und die anderen ehrenamtlichen Richter die Bezeichnung „ehrenamtlicher Richter“.

刑事法庭的名誉法官应使用“陪审员”的名称；商事法庭的名誉法官应使用“商事法官”的名称；其他名誉法官应使用“名誉法官”的名称。

在德国的参审制中，陪审员具有与职业法官相同的职权，且这些陪审员不接受公职的薪水，无需身处于法院内部繁琐的管理体系，无需面对法官的质疑。在某种程度上，陪审员在参与案件裁判过程中具有更大的独立性和更强的对抗力。这些陪审员对判决既负有道德上的责任，又负有法定职业上的责任。他们与法官一样，享有豁免权，不能因为二审改判而被罢免陪审员。具体而言，陪审员和职业法官共同参与案件的审理，有权阅卷、发问、认证，合议时，与职业法官具有同样的表决权，一般采用无记名投票的方式来决定。

## Aufgabe 151

**Der Zweite Weltkrieg dauert von...**

☐ **1914 bis 1918.**

☐ **1933 bis 1945.**

☐ **1939 bis 1945.**

☐ **1939 bis 1949.**

**第二次世界大战的时间是从____________。**

☐ **1914—1918 年**

☐ **1933—1945 年**

☐ **1939—1945 年**

☐ **1939—1949 年**

**解析**：1939—1945 年

**知识拓展**：第二次世界大战(简称“二战”)，发生于 1939 年 9 月 1 日—1945 年 8 月 15 日，是以德国、意大利、日本法西斯轴心国为一方，以美国、苏联、英国、中国等反法西斯同盟为另一方进行的第二次全球规模的战争，经过 6 年的战争，最后以反法西斯国家战胜法西斯侵略者而告终。

1939 年 9 月 1 日，德国向波兰发起“闪电式进攻”，标志着第二次世界大战爆发。因为波兰与英国、法国曾订有盟约，德波战争爆发后，9 月 3 日，英、法对德宣战。由于苏联与波兰接壤，为保护自身安全，随后苏联也出兵作战。波兰灭亡、法国投降后，美国担心希特勒过分强大会成为自己的危险对手，提出支持英国。1941 年 12 月 8 日凌晨，日军在联合舰队司令山本五十六的指挥下，偷袭美国在太平洋最大的海空军基地珍珠港，同日，美、英对日宣战，太平洋战争爆发。自此美国加入“二战”，1942 年 1 月 1 日，美国联合 26 个国家结成反法西斯联盟。1945 年 8 月 15 日，日本天皇裕仁宣布日本正式投降，标志着“二战”全面结束。

## Aufgabe 152

**Wann waren die Nationalsozialisten mit Adolf Hitler in Deutschland an der Macht?**

☐ **1918 bis 1923**

☐ **1932 bis 1950**

☐ **1933 bis 1945**

☐ **1945 bis 1989**

**由阿道夫·希特勒领导的纳粹分子在德国的执政时间是__________。**

☐ **1918—1923 年**

☐ **1932—1950 年**

☐ **1933—1945 年**

☐ **1945—1989 年**

**解析**：1933—1945 年

**知识拓展**：1933 年 1 月 30 日希特勒被任命为帝国总理，1945 年 5 月 7 日德国国防军无条件投降。

## Aufgabe 153

**Was war am 8. Mai 1945？**

☐ **Tod Adolf Hitlers**

☐ **Beginn des Berliner Mauerbaus**

☐ **Wahl von Konrad Adenauer zum Bundeskanzler**

☐ **Ende des Zweiten Weltkriegs in Europa**

**历史上的 1945 年 5 月 8 日，发生了下列哪个事件？**

☐ **阿道夫·希特勒自杀身亡。**

☐ **开始建造柏林墙。**

☐ **康拉德·阿登纳当选为德国联邦总理。**

☐ **第二次世界大战在欧洲结束。**

**解析**：第二次世界大战在欧洲结束

**知识拓展**：1945 年 4 月 26 日，苏军开始猛攻柏林，并于 30 日晚攻占了德国国会大厦。当日下午，希特勒及其情妇爱娃·勃芬恩在帝国总理府的地下避弹室自杀。5 月 1 日晚到 5 月 2 日，柏林城防司令魏德林率领守军残部投降，柏林战役基本结束。5 月 7 日，德国陆军上将约德尔在兰斯的艾森豪威尔的总部向美、英、苏、法代表签署了无条件投降书。8 日夜在柏林的卡尔斯霍斯特正式举行德国投降仪式，盟军代表是苏联元帅朱可夫、美国战略空军司令斯巴兹、英国空军上将泰德、法军总司令塔西尼，代表德国最高元帅部签字的是陆军元帅凯特尔、海军上将弗里德堡和空军上将什图姆普弗，投降书从 1945 年 5 月 9 日零时生效。欧洲反法西斯战争至此胜利结束。

# Aufgabe 154

**Wann war der Zweite Weltkrieg zu Ende?**

☐ **1933**

☐ **1945**

☐ **1949**

☐ **1961**

第二次世界大战结束于____________。

☐ **1933 年**

☐ **1945 年**

☐ **1949 年**

☐ **1961 年**

**解析**：1945 年

**知识拓展**：1945 年 8 月 15 日，日本天皇裕仁宣布日本正式投降，标志着“二战”全面结束。

# Aufgabe 155

**Wann waren die Nationalsozialisten in Deutschland an der Macht?**

☐ **1888 bis 1918**

☐ **1921 bis 1934**

☐ **1933 bis 1945**

☐ **1949 bis 1963**

纳粹在德国执政的时间是从____________。

☐ **1888—1918 年**

☐ **1921—1934 年**

☐ **1933—1945 年**

☐ **1949—1963 年**

解析：1933—1945 年

知识拓展：参见第 152 题。

# Aufgabe 156

**In welchem Jahr wurde Hitler Reichskanzler?**

☐ **1923**

☐ **1927**

☐ **1933**

☐ **1936**

希特勒于＿＿＿＿＿年成为德国总理。

☐ **1923**

☐ **1927**

☐ **1933**

☐ **1936**

解析：1933

知识拓展：阿道夫·希特勒(Adolf Hitler，1889 年 4 月 20 日—1945 年 4 月 30 日)，是奥地利裔德国政治人物，纳粹党党魁，1933 年 1 月 30 日被任命为德国总理；1934—1945 年为德国元首，第二次世界大战时兼任德国武装力量最高统帅。

# Aufgabe 157

**Die Nationalsozialisten mit Adolf Hitler errichteten 1933 in Deutschland...**

☐ **eine Diktatur.**

☐ **einen demokratischen Staat.**

☐ **eine Monarchie.**

☐ **ein Fürstentum.**

1933 年，阿道夫·希特勒领导的纳粹党在德国建立了＿＿＿＿＿。

☐ 独裁政府

□ 民主国家

□ 君主政体

□ 侯国

**解析**：独裁政府

**知识拓展**：自 1933 年希特勒成为德国总理之后，快速将德国从民主共和转变为纳粹一党专政的极权独裁国家。

# Aufgabe 158

**Das „Dritte Reich“ war eine…**

□ **Diktatur.**

□ **Demokratie.**

□ **Monarchie.**

□ **Räterepublik.**

**“第三帝国”是____________。**

□ 独裁政府

□ 民主国家

□ 君主政体

□ 苏维埃共和国政体

**解析**：独裁政府

**知识拓展**：“第三帝国”一词指的是继承了中世纪的神圣罗马帝国(962—1806)“第一帝国”与近代的德意志帝国(1871—1918)“第二帝国”的德国，于 1933—1945 年由阿道夫·希特勒及其所领导的纳粹党(国家社会主义德意志工人党)所统治的德国，即纳粹德国。纳粹德国有两个官方国名，分别为 1933—1939 年使用的第三帝国(Drittes Reich)和 1939—1945 年使用的大德意志帝国(Großdeutsches Reich)。

# Aufgabe 159

**Was gab es in Deutschland nicht während der Zeit des Nationalsozialismus?**

☐ **freie Wahlen**

☐ **Pressezensur**

☐ **willkürliche Verhaftungen**

☐ **Verfolgung der Juden**

**德国在纳粹统治时期没有________。**

☐ **自由选举**

☐ **新闻检查**

☐ **肆意逮捕**

☐ **对犹太人的迫害**

**解析**：自由选举

**知识拓展**：1933年希特勒当选为德国总理后，宣布废除民主制度。在纳粹统治德国期间，德国是由希特勒领导下的国家社会主义德意志工人党——纳粹党掌权，是一党专制的独裁政府，故不存在自由选举。

# Aufgabe 160

**Welcher Krieg dauerte von 1939 bis 1945?**

☐ **der Erste Weltkrieg**

☐ **der Zweite Weltkrieg**

☐ **der Vietnamkrieg**

☐ **der Golfkrieg**

**________从1939年持续到1945年。**

☐ **第一次世界大战**

☐ **第二次世界大战**

☐ **越南战争**

☐ **海湾战争**

**解析**：第二次世界大战

**知识拓展**：第二次世界大战，发生于1939年9月1日—1945年8月15日。1939年9月1日，德国向波兰发起"闪电式进攻"，标志着第二次世界大战爆发。1945年8月15日，日本天皇裕仁宣布日本正式投降，标志着"二战"全面结束。

第一次世界大战是一场于1914年7月28日至1918年11月11日主要发生在欧洲但波及全世界的世界性大战。1914年8月1日，德国首先向俄国宣战，标志着"一战"爆发。战争过程主要是同盟国和协约国之间的战斗。德国、奥匈帝国等国属同盟国阵营，英国、法国、俄国和意大利则属协约国阵营。由于主要战场在欧洲，故中文又常称其为“欧战”。这场战争是欧洲历史上破坏性最强的战争之一。

越南战争(1959—1975年)为南越(越南共和国)及美国对抗共产主义的北越(越南民主共和国)及“越南南方民族解放阵线”(又称“越共”)的一场战争。

海湾战争是指1991年1月17日—2月27日，以美国为首的一支由38个国家组成的多国部队，以联合国的名义、为恢复科威特领土完整而对伊拉克进行的战争，是第二次世界大战之后参战国最多、一次性投入兵力最大、投入的兵器最多、最先进、空袭规模最大、双方伤亡损失极其悬殊的一场现代高科技局部战争，历时42天。通过海湾战争，美国进一步加强了与海湾地区国家的军事、政治合作，强化了美军在中东地区的军事存在，同时为2003年的伊拉克战争埋下了伏笔。

# Aufgabe 161

**Was kennzeichnete den NS - Staat? Eine Politik...**

☐ **des staatlichen Rassismus**

☐ **der Meinungsfreiheit**

☐ **der allgemeinen Religionsfreiheit**

☐ **der Entwicklung der Demokratie**

**纳粹国家的特征是实施___________政治。**

☐ **国家种族主义的**

☐ **言论自由的**

☐ **宗教信仰自由的**

☐ **展现民主的**

**解析**：国家种族主义的

**知识拓展**：种族主义，是一种自我中心的态度，认为种族差异决定了人类社会历史和文化发展。希特勒法西斯分子竭力宣扬雅利安人是最优秀的人种，应当统治世界，追求种族、社会和文化的“纯净”。纳粹党透过迫害其认定为不纯的事物来达到目的，特别针对如犹太人、吉普赛人、同性恋者和某些政客(如魏玛共和国、共产党等)。这种迫害在纳粹政权统治的最后几年中达到了高峰。大约六百万犹太人、一千万斯拉夫人及各种其他人种被有组织地杀害。纳粹委婉地在德语中称这种种族灭绝的行为为“最终解决方案”(Endlösung)，称屠杀犹太人为“最终解决”。

## Aufgabe 162

**Claus Graf Schenk von Stauffenberg wurde bekannt durch...**

☐ **eine Goldmedaille bei den Olympischen Spielen 1936.**

☐ **den Bau des Reichstagsgebäudes**

☐ **den Aufbau der Wehrmacht.**

☐ **das Attentat auf Hitler am 20. Juli 1944.**

施陶芬贝格被人所熟知是因为__________。

☐ 他在1936年的奥运会上取得了金牌

☐ 他在纳粹时期建造了德国国会大楼

☐ 他组建了德国国防军

☐ 他在1944年7月20日暗杀希特勒

解析：他在1944年7月20日暗杀希特勒

知识拓展：Claus Philipp Maria Justinian Schenk Graf von Stauffenberg（1907年11月15日—1944年7月21日），是纳粹德国陆军上校，曾四次身背炸药试图刺杀希特勒。1944年7月20日，施陶芬贝格刺杀希特勒失败，被逮捕后未经审判就被判处死刑，立即枪决。

## Aufgabe 163

**In welchem Jahr zerstörten die Nationalsozialisten Synagogen und jüdische Geschäfte in Deutschland?**

☐ **1925**

☐ **1930**

☐ **1938**

☐ **1945**

纳粹在__________年摧毁了德国境内的犹太教堂和犹太人的商店。

☐ **1925**

☐ **1930**

□ **1938**

□ **1945**

**解析**：1938

**知识拓展**：希特勒是极端的种族主义和反犹主义者，他在《我的奋斗》中曾写道："雅利安人的最大对立面就是犹太人。"他把犹太人看做是世界的敌人，一切邪恶事物的根源，一切灾祸的根源，所有民族生活秩序的破坏者。他认为："对种族问题和犹太人问题没有最清楚的认识，德意志民族就不会复兴。"

1933 年 1 月 30 日希特勒上台后，犹太人的灾难就开始了。纳粹德国最初的反犹措施是抵制犹太人，不去犹太人商店买东西，禁止犹太人当公务员、行医、司法，不许犹太人进入浴室、音乐厅和艺术展览馆等。1938 年 11 月 9 日晚，在纳粹党领导集团的怂恿和操纵下，德国各地纳粹狂热分子走上街头，疯狂地捣毁犹太人的店铺和私人住宅，烧毁犹太人的教堂，公然迫害和凌辱犹太人，大肆逮捕犹太人。这一夜的打砸抢烧给犹太人造成巨大的灾难。据统计，有 36 人被杀害，36 人受重伤，267 座教堂被焚烧或夷为平地，在德国和奥地利 7 500 家犹太人商店被捣毁，3 万多名 16 岁至 60 岁的犹太男子在自己家里被捕，被押往达豪、布痕瓦尔德和萨克森豪森集中营。这一夜被砸毁的玻璃是比利时全国玻璃工业半年的产量，由于被砸毁的玻璃晶莹透明，所以柏林人用尖刻的俏皮话称之为"水晶之夜"，又被译为"砸玻璃窗之夜"。

# Aufgabe 164

**Was passierte am 9. November 1938 in Deutschland?**

□ **Mit dem Angriff auf Polen beginnt der Zweite Weltkrieg.**

□ **Die Nationalsozialisten verlieren eine Wahl und lösen den Reichstag auf.**

□ **Jüdische Geschäfte und Synagogen werden durch Nationalsozialisten und ihre Anhänger zerstört.**

□ **Hitler wird Reichspräsident und lässt alle Parteien verbieten.**

**1938 年 11 月 9 日在德国发生了什么事件?**

□ **伴随着对波兰的进攻，第二次世界大战拉开了序幕。**

□ **纳粹在大选中失利解散议会。**

□ **犹太人的商店和教堂遭到纳粹分子及其追随者的破坏。**

□ **希特勒成为帝国总理同时取缔了其他所有政党。**

**解析**：犹太人的商店和教堂遭到纳粹分子及其追随者的破坏。

**知识拓展**：水晶之夜(Reichskristallnacht)，又译为"砸玻璃窗之夜"，指的是 1938 年 11 月 9 日至 10 日凌晨纳粹党员与党卫队袭击德国全境犹太人的事件。这被认为是对犹太人有组织的屠杀的开始。许多犹太商店的窗户在当晚被打破，破碎的玻璃在月光的照射下犹如水晶般发光，这就是该事件名称的由来。这次攻击看起来像是民间自发的，事实上却是由德国政府策划的。详细内容参见第163题。

# Aufgabe 165

**Wie hieß der erste Bundeskanzler der Bundesrepublik Deutschland?**

☐ **Konrad Adenauer**

☐ **Kurt Georg Kiesinger**

☐ **Helmut Schmidt**

☐ **Willy Brandt**

德意志联邦共和国第一任总理是________。

☐ 康拉德·阿登纳

☐ 库尔特·格奥尔格·基辛格

☐ 赫尔穆特·施密特

☐ 维利·勃兰特

解析：康拉德·阿登纳

知识拓展：德国历任联邦总理一览表

| 联邦总理 | 任职时间 | 党派 |
|---|---|---|
| Konrad Adenauer | 1949—1963 | CDU |
| Ludwig Erhard | 1963—1966 | CDU |
| Kurt Georg Kiesinger | 1966—1969 | CDU |
| Willy Brandt | 1969—1974 | SPD |
| Helmut Schmidt | 1974—1982 | SPD |
| Helmut Kohl | 1982—1998 | CDU |
| Gerhard Schröder | 1998—2005 | SPD |
| Angela Merkel | 2005 bis jetzt | Die Koalition |

# Aufgabe 166

**Wie hieß bis zum Jahre 2002 die Währung in der Bundesrepublik Deutschland?**

☐ **Deutsche Mark**

☐ **Reichsmark**

☐ **Deutsches Geld**

☐ **Reichsgeld**

**直到 2002 年，联邦德国的货币被称为____________。**

☐ **德国马克**

☐ **(1924—1948 年的)帝国马克**

☐ **德国货币**

☐ **帝国货币**

**解析**：德国马克

**知识拓展**：德国马克是原德国的货币名称，简称“马克”。1971 年 12 月 4 日德国采用金本位，以马克为主币。德国马克由德意志银行发行，1 马克等于 100 芬尼(Pfennig)，流通中的纸币有 5、10、20、50、100、200、500 和 1000 马克等面额，另有 1、2、5 马克及 1、2、5、10、50 芬尼的铸币。马克一度是仅次于美元的国际性货币。2002 年 1 月 1 日，欧元正式在欧洲使用，马克退出历史舞台。

# Aufgabe 167

**Welche Länder wurden nach dem Zweiten Weltkrieg in Deutschland als „Alliierte Besatzungsmächte“ bezeichnet?**

☐ **Sowjetunion, Großbritannien, Polen, Schweden**

☐ **Frankreich, Sowjetunion, Italien, Japan**

☐ **USA, Sowjetunion, Spanien, Portugal**

☐ **USA, Sowjetunion, Großbritannien, Frankreich**

**在德国“二战”结束后，哪些国家被称为“盟军占领国”？**

☐ **苏联、英国、波兰、瑞典**

☐ 法国、苏联、意大利、日本

☐ 美国、苏联、西班牙、葡萄牙

☐ 美国、苏联、英国、法国

解析：美国、苏联、英国、法国

知识拓展：根据《雅尔塔协定》和《波茨坦协定》，德国分别由美、英、法、苏四国占领，并由四国组成盟国管制委员会接管德国最高权力。

## Aufgabe 168

**Welches Land war keine „Alliierte Besatzungsmacht" in Deutschland?**

☐ **USA**

☐ **Sowjetunion**

☐ **Frankreich**

☐ **Japan**

下列哪个国家不是德国的"盟军占领国"？

☐ 美国

☐ 苏联

☐ 法国

☐ 日本

解析：日本

知识拓展：参见第167题。

## Aufgabe 169

**Wann wurde die Bundesrepublik Deutschland gegründet?**

☐ **1939**

☐ **1945**

☐ **1949**

☐ **1951**

德意志联邦共和国成立于__________年。

☐ **1939**

☐ **1945**

☐ **1949**

☐ **1951**

**解析**：1949

**知识拓展**：根据《雅尔塔协定》和《波茨坦协定》，德国分别由美、英、法、苏四国占领，并由四国组成盟国管制委员会接管德国最高权力。柏林市也划分成4个占领区。1948年6月，美、英、法三国占领区合并。翌年5月23日，合并后的西部占领区成立了德意志联邦共和国。同年10月7日，东部的苏占区成立了德意志民主共和国。德国从此正式分裂为两个主权国家。

# Aufgabe 170

**Seit wann gibt es das Grundgesetz der Bundesrepublik Deutschland? Seit...**

☐ **1919**

☐ **1933**

☐ **1949**

☐ **1989**

德国《基本法》颁布于____________年。

☐ **1919**

☐ **1933**

☐ **1949**

☐ **1989**

**解析**：1949

**知识拓展**：德国《基本法》1949年5月23日获得通过，次日即1949年5月24日生效，标志着德意志联邦共和国的成立。

# Aufgabe 171

**Soziale Marktwirtschaft bedeutet，die Wirtschaft...**

☐ **steuert sich allein nach Angebot und Nachfrage.**

☐ **wird vom Staat geplant und gesteuert, Angebot und Nachfrage werden nicht berücksichtigt.**

☐ **richtet sich nach der Nachfrage im Ausland.**

☐ **richtet sich nach Angebot und Nachfrage, aber der Staat sorgt für einen sozialen Ausgleich.**

社会市场经济的涵义是经济______。

☐ 仅仅靠供求关系来进行调控

☐ 由国家规划和调控，不考虑供求关系

☐ 取决于国外的需求

☐ 依靠供求关系进行调控，同时国家保障社会的平衡

解析：依靠供求关系进行调控，同时国家保障社会的平衡

知识拓展：社会市场经济是指在第二次世界大战结束以来，由“社会市场经济之父”路德维希·艾哈德(Ludwig Wilhelm Erhard)提出并创建的社会市场经济制度。

第二次世界大战结束以来，联邦德国的经济制度已发展成为社会市场经济制度，这种经济制度意味着既背离了过去曼彻斯特自由主义的你斗我、我斗你的原则，又摒弃了国家在经营与投资决定方面说了算的经济统制，保证个人首创性的自由发挥及私有财产的《基本法》使这些基本权利服从于社会责任。国家在市场经济中主要负有调节的任务，它规定市场活动的框架条件。在这个框架内，由千百万家庭和企业自由和独立地对他们想生产和消费什么做出决定，而生产什么货物、生产多少以及谁从中得到多少，这个问题主要由市场决定。国家尽可能地放弃对价格和工资的直接干预。

# Aufgabe 172

**In welcher Besatzungszone wurde die DDR gegründet? In der...**

☐ **amerikanischen Besatzungszone.**

☐ **französischen Besatzungszone.**

☐ **britischen Besatzungszone.**

☐ **sowjetischen Besatzungszone.**

在______成立了德意志民主共和国。

☐ 美占区

☐ 法占区

☐ 英占区

☐ 苏占区

**解析**：苏占区

**知识拓展**：参见第 169 题。

# Aufgabe 173

**Die Bundesrepublik Deutschland ist ein Gründungsmitglied...**

☐ **des Nordatlantikpakts (NATO).**

☐ **der Vereinten Nationen (VN).**

☐ **der Europäischen Union (EU).**

☐ **des Warschauer Pakts.**

**德意志联邦共和国是__________成立时的成员国之一。**

☐ **北大西洋公约组织**

☐ **联合国**

☐ **欧盟**

☐ **华沙公约组织**

**解析**：欧盟

**知识拓展**：欧洲联盟(简称“欧盟”)是根据1993年生效的《马斯特里赫特条约》建立的政治经济联盟，现拥有28个成员国，其历史可追溯至1952年建立的欧洲煤钢共同体，当时只有六个成员国。1958年又成立了欧洲经济共同体和欧洲原子能共同体，1967年统合在欧洲共同体之下，1993年又统合在欧洲联盟之下。

北大西洋公约组织：1949年4月4日美国、加拿大、比利时、法国、卢森堡、荷兰、英国、丹麦、挪威、冰岛、葡萄牙和意大利在华盛顿签署了《北大西洋公约》，决定成立北大西洋公约组织，同年8月24日各国完成批准手续，该组织正式成立。希腊、土耳其于1952年2月18日、联邦德国于1955年5月6日、西班牙于1982年正式加入该组织。

华沙条约组织是为对抗北大西洋公约组织而成立的政治军事同盟，成立于1955年5月14日。1955年德意志联邦共和国加入北约后，欧洲社会主义阵营国家签署了《华沙公约》。1991年7月1日，华沙条约组织正式解散。

联合国是一个由主权国家组成的国际组织，致力于促进各国在国际法、国际安全、经济发展、社会进步、人权、公民自由、政治自由、民主及实现持久世界和平方面的合作。联合国成立于第二次世界大战结束后的1945年10月24日，用以取代国际联盟，去阻止战争并为各国提供对话平台。联合国下设了许多附属机构以实现其宗旨。到2012年为止，联合国共有193个成员国，包括除梵蒂冈城国以外所有得到国际承认的主权国家。1971年10月25日，中国恢复联合国合法席位。

# Aufgabe 174

**Wann wurde die DDR gegründet?**

□ **1947**

□ **1949**

□ **1953**

□ **1956**

德意志民主共和国成立于＿＿＿＿＿＿年。

□ **1947**

□ **1949**

□ **1953**

□ **1956**

解析：1949

知识拓展：1949 年 10 月 7 日，东部的苏占区成立了德意志民主共和国。

# Aufgabe 175

**Wie viele Besatzungszonen gab es in Deutschland nach dem Zweiten Weltkrieg?**

□ **3**

□ **4**

□ **5**

□ **6**

第二次世界大战结束后，在德国领土上有＿＿＿＿＿＿个占领区。

□ **3**

□ **4**

□ **5**

□ **6**

解析：4

知识拓展：参见第 167 题。

# Aufgabe 176

**Wie waren die Besatzungszonen Deutschlands nach 1945 verteilt?**

☐ **1=Großbritannien, 2=Sowjetunion, 3=Frankreich, 4=USA**

☐ **1=Sowjetunion, 2=Großbritannien, 3=USA, 4=Frankreich**

☐ **1=Großbritannien, 2=Sowjetunion, 3=USA, 4=Frankreich**

☐ **1=Großbritannien, 2=USA, 3=Sowjetunion, 4=Frankreich**

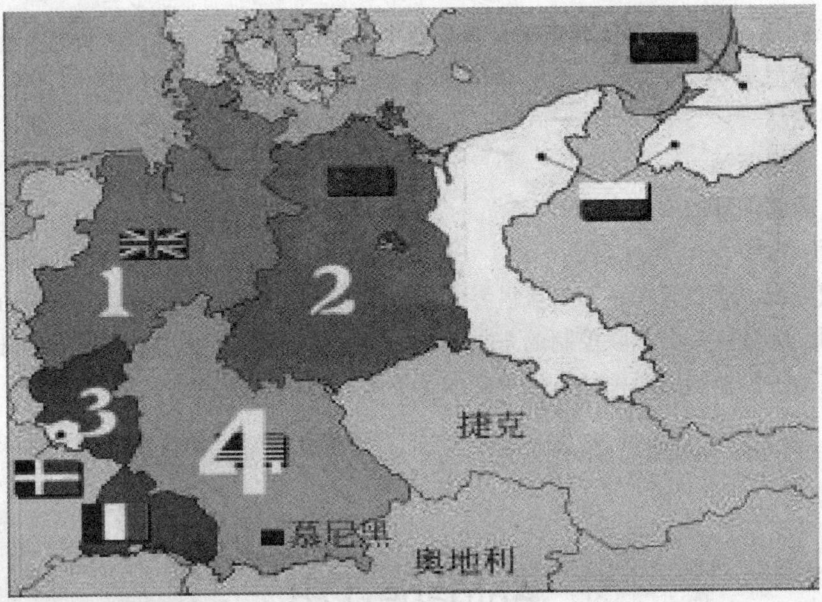


**1945 年后，德国领土上的盟军占领区是如何划分的?**

☐ **1=英国，2=苏联，3=法国，4=美国**

☐ **1=苏联，2=英国，3=美国，4=法国**

☐ **1=英国，2=苏联，3=美国，4=法国**

☐ **1=英国，2=美国，3=苏联，4=法国**

**解析**: 1=英国，2=苏联，3=美国，4=法国

# Aufgabe 177

**Welche deutsche Stadt wurde nach dem Zweiten Weltkrieg in vier Sektoren aufgeteilt?**

☐ **München**

☐ **Berlin**

☐ **Dresden**

☐ **Frankfurt/Oder**

**“二战”后，德国的哪座城市被分割成四个占领区？**

☐ **慕尼黑**

☐ **柏林**

☐ **德累斯顿**

☐ **奥德河畔的法兰克福**

**解析**：柏林

**知识拓展**：随着盟军在第二次世界大战中的胜利，柏林按照战前柏林的行政区界线被分成两个部分——由苏联控制的东柏林（范围包括战前23区中的12个区）以及由美国、英国与法国控制的西柏林。柏林变成了苏美冷战的焦点。

# Aufgabe 178

**Vom Juni 1948 bis zum Mai 1949 wurden die Bürger und Bürgerinnen von West-Berlin durch eine Luftbrücke versorgt. Welcher Umstand war dafür verantwortlich?**

☐ **Für Frankreich war eine Versorgung der West-Berliner Bevölkerung mit dem Flugzeug kostengünstiger.**

☐ **Die amerikanischen Soldaten / Soldatinnen hatten beim Landtransport Angst vor Überfällen.**

☐ **Für Großbritannien war die Versorgung über die Luftbrücke schneller.**

☐ **Die Sowjetunion unterbrach den gesamten Verkehr auf dem Landwege.**

**在 1948 年 6 月—1949 年 5 月，生活在西柏林的居民只能通过“空中桥梁”得到生活供给，造成这一局面的原因是______。**

- ☐ **对法国而言，用飞机给西柏林居民运送供给更划算**
- ☐ **美军担心在陆路运输中受到突然袭击**
- ☐ **对英国而言，通过空中桥梁更快捷**
- ☐ **苏联切断了所有的陆路运输**

**解析**：苏联切断了所有的陆路运输

**知识拓展**：1948 年为了反对盟国在德国西部实行的货币改革以及迫使盟军退出柏林，苏联对柏林展开了长达半年的封锁，盟国通过柏林空运挫败了苏联的企图。

“二战”后，战胜国把德国分成了 4 块控制区，一边是西方阵营的英美法，另一边则被苏联占领。随着双方分歧的不断增大，矛盾终于在 1948 年 6 月 20 日爆发了：西占区发行新的德国马克取代已经严重贬值的帝国马克，东柏林(苏占区)以此为借口，于 1948 年 6 月 23 日深夜切断了西柏林的电力供应，翌日，西柏林的水陆铁路交通全面被切断，自此，西柏林被全面封锁，200 万西柏林居民急需外界救援。当时的美驻德司令官 Lucius D. Clay 将军决定马上展开名为“Operation Vittles”的空运行动，为西柏林居民运输生活物资。首架货运机在 1948 年 6 月 26 日到达西柏林，很快英国和法国也加入了空运行动。在 1949 年的 4 月 16 日(后人称之为“复活节阅兵”)，空运达到了最高潮，当天运送的物资重达 12 000 吨，相当于 600 个火车皮 3 946 次的装卸量。苏联最终于 1949 年 5 月 12 日解除了对西柏林的封锁，而盟军的空运行动一直持续到当年的 9 月 30 日。

# Aufgabe 179

**Wie endete der Zweite Weltkrieg in Europa offiziell?**

- ☐ **mit dem Tod Adolf Hitlers**
- ☐ **durch die bedingungslose Kapitulation Deutschlands**
- ☐ **mit dem Rückzug der Deutschen aus den besetzten Gebieten**
- ☐ **durch eine Revolution in Deutschland**

**什么事件正式宣告“二战”在欧洲战场的结束？**

- ☐ **希特勒死亡**
- ☐ **德国无条件投降**
- ☐ **德国从被占领土上撤走**
- ☐ **德国革命**

**解析**：德国无条件投降

**知识拓展**：1945 年 5 月 2 日，苏军攻占了象征德国最高权力的国会大厦。1945 年 5 月 8 日午夜，德国正式向苏美英法四国投降。至此，德意志第三帝国彻底灭亡，欧洲战场落下帷幕。

## Aufgabe 180

**Der erste Bundeskanzler der Bundesrepublik Deutschland war...**

☐ **Ludwig Erhard.**

☐ **Willy Brandt.**

☐ **Konrad Adenauer.**

☐ **Gerhard Schröder.**

**德意志联邦共和国第一任总理是___________。**

☐ **路德维希·艾哈德**

☐ **维利·勃兰特**

☐ **康拉德·阿登纳**

☐ **格哈德·施罗德**

**解析**：Konrad Adenauer 康拉德·阿登纳

**知识拓展**：参见第 165 题。

## Aufgabe 181

**Was wollte Willy Brandt mit seinem Kniefall 1970 im ehemaligen jüdischen Ghetto in Warschau ausdrücken?**

☐ **Er hat sich den ehemaligen Alliierten unterworfen.**

☐ **Er hat Polen und die polnischen Juden um Vergebung.**

☐ **Er zeigte seine Demut vor dem Warschauer Pakt.**

☐ **Er sprach ein Gebet am Grab des Unbekannten Soldaten.**

**1970 年德国总理维利·勃兰特访问波兰时，在华沙犹太人殉难者纪念碑前下跪。**

这一举动旨在表明____________。

☐ 他向之前的同盟国表示屈服

☐ 他请求波兰和波兰犹太人的原谅

☐ 他在华沙公约组织面前表现出谦恭

☐ 他在无名战士公墓前祷告

**解析**：他请求波兰和波兰犹太人的原谅

**知识拓展**：这是勃兰特代表德国对“二战”期间纳粹对波兰的毁坏以及对犹太人屠杀深刻忏悔并请求原谅的举动。

维利·勃兰特(Willy Brandt，1913年12月18日—1992年10月8日)，德国政治家，1969—1974年任联邦德国总理，1970年在华沙的“华沙之跪”引起全球瞩目。三年后，当勃兰特接受意大利著名女记者奥莉亚娜-法拉奇的采访时，他说：“尽管我很早就离开德国，‘二战’期间在国外从事反法西斯的斗争。但是现在我是联邦德国的总理，我对希特勒上台搞法西斯主义觉得有道义上的连带责任。”勃兰特解释他的下跪之举“不仅是对波兰人，实际上首先是对本国人民”，因为“太多的人需要排除孤独感，需要共同承担这个重责……承认我们的责任不仅有助于洗刷我们的良知，而且有助于大家生活在一起。犹太人、波兰人、德国人，我们应该生活在一起。”勃兰特也因此在1971年成为诺贝尔和平奖获得者。

# Aufgabe 182

**Welche Parteien wurden 1946 zwangsweise zur SED vereint，der Einheitspartei der späteren DDR？**

☐ **KPD und SPD**

☐ **SPD und CDU**

☐ **CDU und FDP**

☐ **KPD und CSU**

**1946 年哪两个政党被迫合并成立德国统一社会党，日后成为民主德国的统一政党？**

☐ **德国共产党和社会民主党**

☐ **社会民主党和基督教民主联盟**

☐ **基督教民主联盟和德国自由民主党**

☐ **德国共产党和基督教社会联盟**

**解析**：德国共产党和社会民主党

**知识拓展**：德国统一社会党是民主德国唯一的执政党(1949—1990 年)，自民主德国建立后长期执政，该党是 1946 年 4 月由苏占区的德国共产党与德国社会民主党合并组成的。

# Aufgabe 183

**Wann war in der Bundesrepublik Deutschland das „Wirtschaftswunder"？**

☐ **40er Jahre**

☐ **50er Jahre**

☐ **70er Jahre**

☐ **80er Jahre**

**德国的"经济奇迹"出现在____________。**

☐ **20 世纪 40 年代**

☐ **20 世纪 50 年代**

☐ **20 世纪 70 年代**

☐ **20 世纪 80 年代**

**解析**：20 世纪 50 年代

**知识拓展**："二战"后，欧洲和世界政治格局发生了历史性变化，面对苏联的崛起和东欧一系列社会主义国家的出现，美英等从其在德国和欧洲的长远利益考虑，千方百计尽快把联邦德国纳入西方营垒：它们首先采取了减少战争赔偿和停止拆迁工业设备的措施，同时实行了对联邦德国进行"救济"和"援助"的计划，继而在政治、经济、军事、外交方面不断大开绿灯，为联邦德国的自我发展提供有利条件。20 世纪 50 年代国际大气候的变化为联邦德国的经济腾飞创造了有利的外部条件；与此同时，联邦德国专心致志、千方百计发展经济，它从本国国情出发，在社会市场经济的大框架内，确立了"复兴"与不断增强国力的主要支柱：一是工业，二是外贸，三是科教。经济的迅速恢复和发展对劳动力的需求急剧增加，1 000 万难民和战俘成了极其宝贵的财富，这支就业大军中相当一部分人具有较高文化水平和专业技术素质以及从事独立职业的能力。

经过 20 多年的努力，联邦德国发展成为一个名副其实的"经济政治国家"，其经济实力处于国家综合国力的核心地位，有以先进科技装备起来的工业和以高科技含量的工业品为后盾的强大出口能力；在国际关系中主要通过经济手段实现其所谋求的政治目标；保持国民经济相对持续稳定的繁荣与高水平的社会福利。

# Aufgabe 184

**Was nannten die Menschen in Deutschland sehr lange „Die Stunde Null"?**

☐ **Damit wird die Zeit nach der Wende im Jahr 1989 bezeichnet.**

☐ **Damit wurde der Beginn des Zweiten Weltkrieges bezeichnet.**

☐ **Darunter verstand man das Ende des Zweiten Weltkrieges und den Beginn des Wiederaufbaus.**

☐ **Damit ist die Stunde gemeint, in der die Uhr von der Sommerzeit auf die Winterzeit umgestellt wird.**

**在德国一直以来__________被人们称为"零点"。**

☐ **1989 年政局变革后的那段时间**

☐ **第二次世界大战的开始**

☐ **第二次世界大战结束、德国重建的开始**

☐ **从夏时制到冬令时转变的那一个小时**

**解析**：第二次世界大战结束、德国重建的开始

**知识拓展**：1945 年 5 月 8 日第三帝国退出历史舞台，那一天的零点时刻在德国被称为"零点"。

# Aufgabe 185

**Wofür stand der Ausdruck „Eiserner Vorhang“? Für die Abschottung...**

☐ **des Warschauer Pakts gegen den Westen**

☐ **Norddeutschlands gegen Süddeutschland**

☐ **Nazi-Deutschlands gegen die Alliierten**

☐ **Europas gegen die USA**

**“铁幕”指的是________的封锁。**

☐ **华沙公约组织针对西方**

☐ **联邦德国针对民主德国**

☐ **纳粹德国针对同盟国**

☐ **欧洲针对美国**

**解析**：华沙公约组织针对西方

**知识拓展**：这个词出自英国首相温斯顿·丘吉尔在美国威斯敏斯特学院所发表的题为《和平砥柱》的演讲中，“铁幕”指的是冷战时期将欧洲分为两个受不同政治影响区域的界线。当时，东欧属于苏联(社会主义)的势力范围，而西欧则属于美国(资本主义)的势力范围。

# Aufgabe 186

**Im Jahr 1953 gab es in der DDR einen Aufstand, an den lange Zeit in der Bundesrepublik Deutschland ein Feiertag erinnerte. Wann war das?**

☐ **1. Mai**

☐ **17. Juni**

☐ **20. Juli**

☐ **9. November**

**1953 年________月________日，在民主德国爆发了一场起义。为了纪念这次起义德国为此专门设立了一个纪念日。**

☐ **5 月 1 日**

☐ **6月17日**
☐ **7月20日**
☐ **11月9日**

**解析**：6月17日

**知识拓展**：民主德国“6·17事件”，又称“东柏林事件”，指的是1953年6月17日在德意志民主共和国首都柏林发生的工人示威游行及动乱。德意志民主共和国成立后，由于尚未从战争的创伤中完全恢复，又要向苏联偿付大笔赔款，经济陷入困境。工业生产率低下，技术落后，设备陈旧，农业连年歉收，人民生活水平不稳定，不满情绪抬头。1953年5月28日，民主德国政府为扭转经济危局，加快工农业生产步伐，决定提高积累的比重，在工资不动的前提下增加工作定额10%，结果导致工人、民众不满情绪的爆发。6月15日，东柏林建筑工人首先罢工并上街游行，其他行业的工人也起而效仿，罢工和游行示威的浪潮迅速扩展到全国其他城镇。6月16日，德国统一社会党中央政治局决定取消提高劳动定额的规定，但并未认真了解和满足工人们的广泛要求，未能采取积极措施防止事态的进一步恶化。6月17日，东柏林工人在施特劳斯广场集会，会后举行示威游行，要求降低物价，实行言论和新闻自由，保证罢工参加者及其代言人的人身自由，举行全德自由选举，释放政治犯，撤走一切外国军队。由于不良分子乘机捣乱，游行发展为破坏性的动乱，民主德国领袖画像、政治标语被撕，德苏友好大厦、工会大楼、书报亭被烧。驻德苏军出动坦克驱散人群，酿成21人死亡的流血事件。事后，统一社会党立即采取措施满足工人的合理要求，公开承认了错误。苏联也采取措施缓和苏德关系，将33家大型企业还给民主德国，并免除了民主德国尚未清偿的赔款余额25亿美元。

# Aufgabe 187

**Wie hieß die letzte deutsche Währung vor der Einführung des Euro?**

☐ **Reichsmark**
☐ **Rentenmark**
☐ **Deutsche Mark**
☐ **Deutsches Pfund**

**在引入欧元前德国使用的货币是__________。**

☐ **(1924—1948年的)帝国马克**
☐ **地产抵押马克(1923—1924年德国发行的货币)**
☐ **德国马克**
☐ **德国镑**

**解析**：德国马克

**知识拓展**：参见第 166 题。

# Aufgabe 188

**In welchem Jahr wurde die Mauer in Berlin gebaut?**

□ **1953**

□ **1956**

□ **1959**

□ **1961**

**柏林墙修建于____________年。**

□ **1953**

□ **1956**

□ **1959**

□ **1961**

**解析**：1961

**知识拓展**：柏林墙(Berliner Mauer)长约 155 千米，高约 3~4 米，于 1961 年 8 月 13 日开始建造。德国首都柏林在第二次世界大战以后被分割为东柏林与西柏林，为了防止民主德国人民投向联邦德国，民主德国沿着边界建立围墙，将西柏林整个包围起来。柏林墙的建立是“二战”以后德国分裂和冷战的重要标志性建筑。1989 年 11 月 9 日，屹立了 28 年的柏林墙倒塌，1990 年两德重归统一。

# Aufgabe 189

**Wann baute die DDR die Mauer in Berlin?**

□ **1919**

□ **1933**

□ **1961**

□ **1990**

**民主德国于____________年在柏林修建了一道墙。**

☐ **1919**
☐ **1933**
☐ **1961**
☐ **1990**

**解析**：1961

**知识拓展**：参见第 188 题。

# Aufgabe 190

**Was bedeutet die Abkürzung DDR?**

☐ **Dritter Deutscher Rundfunk**
☐ **Die Deutsche Republik**
☐ **Dritte Deutsche Republik**
☐ **Deutsche Demokratische Republik**

**"DDR"这一缩写的涵义是________。**

☐ 德国第三电台
☐ 德意志共和国
☐ 德意志第三共和国
☐ 德意志民主共和国

**解析**：德意志民主共和国

**知识拓展**：德意志民主共和国(Deutsche Demokratische Republik)是存在于 1949—1990 年的一个中欧社会主义国家。1949 年 10 月 7 日在德国苏占区成立，首都为东柏林。民主德国位于现今德国的东北部，面积为 107 771 平方千米，与捷克、德意志联邦共和国、波兰接壤，北部为波罗的海。1990 年 10 月 3 日德国统一时与联邦德国合并。

# Aufgabe 191

**Wann wurde die Mauer in Berlin für alle geöffnet?**

☐ **1987**

- ☐ **1989**
- ☐ **1992**
- ☐ **1995**

柏林墙于____________年对公众开放。

- ☐ **1987**
- ☐ **1989**
- ☐ **1992**
- ☐ **1995**

**解析**：1989

**知识拓展**：1989 年 11 月 9 日，民主德国的和平革命者推倒了柏林墙，从而也推倒了两德之间的边界。

# Aufgabe 192

**Welches heutige deutsche Bundesland gehörte früher zum Gebiet der DDR?**

- ☐ **Brandenburg**
- ☐ **Bayern**
- ☐ **Saarland**
- ☐ **Hessen**

**下列哪个德国联邦州曾隶属于民主德国？**

- ☐ **勃兰登堡州**
- ☐ **巴伐利亚州**
- ☐ **萨尔州**
- ☐ **黑森州**

**解析**：勃兰登堡州

**知识拓展**：前民主德国包括现在德国的 5 个州：勃兰登堡州、梅克伦堡-前波莫瑞州、萨克森州、萨克森-安哈特州、图林根州，以及东柏林与西柏林合并成为现在的柏林州(市州)。

# Aufgabe 193

**Von 1961 bis 1989 war Berlin...**

☐ **ohne Bürgermeister.**

☐ **ein eigener Staat.**

☐ **durch eine Mauer geteilt.**

☐ **nur mit dem Flugzeug erreichbar.**

**在 1961—1989 年，柏林__________。**

☐ **没有市长**

☐ **是一个独立的国家**

☐ **被柏林墙一分为二**

☐ **只有搭乘飞机可以抵达**

**解析**：被柏林墙一分为二

**知识拓展**：参见第 188 题和第 189 题。

# Aufgabe 194

**Am 3. Oktober feiert man in Deutschland den Tag der deutschen...**

☐ **Einheit.**

☐ **Nation.**

☐ **Bundesländer.**

☐ **Städte.**

**在德国每年的 10 月 3 日人们庆祝德国的__________。**

☐ **统一**

☐ **国家**

☐ **联邦州**

☐ **城市**

**解析**：统一

**知识拓展**：1990 年 10 月 3 日，德国重新恢复了国家统一。

## Aufgabe 195

**Welches heutige deutsche Bundesland gehörte früher zum Gebiet der DDR?**

- ☐ **Hessen**
- ☐ **Sachsen-Anhalt**
- ☐ **Nordrhein-Westfalen**
- ☐ **Saarland**

下列哪个德国联邦州曾隶属于民主德国？

- ☐ 黑森州
- ☐ 萨克森-安哈尔特州
- ☐ 北莱茵-维斯特法伦州
- ☐ 萨尔州

解析：萨克森-安哈尔特州

知识拓展：参见第192题。

## Aufgabe 196

**Warum nennt man die Zeit im Herbst 1989 in der DDR „die Wende“? In dieser Zeit veränderte sich die DDR politisch…**

- ☐ **von einer Diktatur zur Demokratie.**
- ☐ **von einer liberalen Marktwirtschaft zum Sozialismus.**
- ☐ **von einer Monarchie zur Sozialdemokratie.**
- ☐ **von einem religiösen Staat zu einem kommunistischen Staat.**

1989年民主德国的秋天被称为时代的“转折”。民主德国在政治上实现了什么样的转变？

- ☐ 从“独裁”国家转变为民主政体。
- ☐ 从自由的市场经济转变为社会主义。
- ☐ 从君主制转变为社会民主。
- ☐ 从一个宗教国家转变为共产主义国家。

**解析**：从“独裁”国家转变为民主政体

**知识拓展**：1989 年以前，民主德国的政治权力由德国统一社会党掌握，其对各岗位的干部选拔政策也具有重要的影响力，而其他政党仅能通过统一社会党领导的国家阵线参与政治活动。政治上的不民主以及经济上的问题导致了民主德国居民的不满情绪，要求民主改革的大规模示威游行在民主德国的许多城市相继爆发，民主德国首都柏林爆发一连三次要求政治改革的大规模群众示威游行并于 1989 年发生了一场非暴力的革命。同年 11 月 9 日，柏林墙倒塌。12 月 1 日，民主德国议会废除宪法赋予德国统一社会党的领导地位。两天后，统一社会党中央委员会、总书记、民主德国议会都宣布辞职。统一社会党专制结束，次年举行了自由选举，随后通过国际协商签订了《最终解决德国问题条约》。民主德国最终解体，并于 1990 年 10 月 3 日与联邦德国合并为一个统一的德国。

# Aufgabe 197

**Welches heutige deutsche Bundesland gehörte früher zum Gebiet der DDR?**

☐ **Thüringen**
☐ **Hessen**
☐ **Bayern**
☐ **Bremen**

**下列哪个德国联邦州曾隶属于民主德国？**

☐ **图林根州**
☐ **黑森州**
☐ **巴伐利亚州**
☐ **不来梅**

**解析**：图林根州

**知识拓展**：参见第 192 题。

# Aufgabe 198

**Welches heutige deutsche Bundesland gehörte früher zum Gebiet der DDR?**

☐ **Bayern**
☐ **Niedersachsen**
☐ **Sachsen**
☐ **Baden-Wüttemberg**

**下列哪个德国联邦州曾隶属于民主德国？**

☐ **巴伐利亚州**
☐ **下萨克森州**
☐ **萨克森州**
☐ **巴登-符腾堡州**

**解析**：萨克森州

**知识拓展**：参见第192题。

## Aufgabe 199

**Mit der Abkürzung „Stasi“ meinte man in der DDR...**

☐ **das Parlament.**
☐ **das Ministerium für Staatssicherheit.**
☐ **eine regierende Partei.**
☐ **das Ministerium für Volksbildung.**

**在德国“Stasi”这一缩写指的是__________。**

☐ **议会**
☐ **国家安全部**
☐ **执政党**
☐ **国家教育部**

**解析**：国家安全部

**知识拓展**：斯塔西(Stasi)是前民主德国国家安全部，正式名称为“德意志民主共和国国家安全部”，因德语 Staatssicherheit(国家安全)的缩写为 STASI。该秘密警察机构建于1950年的2月8日，1990年3月31日正式解散。斯塔西运作40年，建立了一套完整的监视网络和控制体系，收集了海量监控档案，一直是执政的统一社会党对内进行言论压制和政权维持的有力武器。斯塔西的标语是“WIR SIND ÜBERALL”(我们无处不在)，座右铭是“党的剑与盾”。1991年，统一后的德国宣告成立“前民主德国国安档案联邦管理局”，开始对斯塔西档案进行复原与整理。

# Aufgabe 200

**Welches heutige deutsche Bundesland gehörte früher zum Gebiet der DDR?**

☐ **Hessen**

☐ **Schleswig-Holstein**

☐ **Mecklenburg-Vorpommern**

☐ **Saarland**

下列哪个德国联邦州曾隶属于民主德国？

☐ 黑森州

☐ 石勒苏益格-荷尔斯泰因州

☐ 梅克伦堡-前波莫瑞州

☐ 萨尔州

**解析**：梅克伦堡-前波莫瑞州

**知识拓展**：参见第 192 题。

# Aufgabe 201

**Welche der folgenden Auflistungen enthält nur Bundesländer, die zum Gebiet der früheren DDR gehörten?**

☐ **Niedersachsen, Nordrhein-Westfalen, Hessen, Schleswig-Holstein, Brandenburg**

☐ **Mecklenburg-Vorpommern, Brandenburg, Sachsen, Sachsen-Anhalt, Thüringen**

☐ **Bayern, Baden-Württemberg, Rheinland-Pfalz, Thüringen, Sachsen**

☐ **Sachsen, Thüringen, Hessen, Niedersachen, Brandenburg**

下列罗列的哪五个联邦州曾隶属于民主德国？

☐ 下萨克森州、北莱茵-维斯特法伦州、黑森州、石勒苏益格-荷尔斯泰因州、勃兰登堡州

☐ 梅克伦堡-前波莫瑞州、勃兰登堡州、萨克森州、萨克森-安哈尔特州、图林

根州

☐ 巴伐利亚州、巴登-符腾堡州、莱茵兰-法尔兹州、图林根州、萨克森州

☐ 萨克森州、图林根州、黑森州、下萨克森州、勃兰登堡州

**解析**：梅克伦堡-前波莫瑞州、勃兰登堡州、萨克森州、萨克森-安哈尔特、图林根州

**知识拓展**：参见第 192 题。

# Aufgabe 202

**Zu wem gehörte die DDR im „Kalten Krieg"?**

☐ **zu den Westmächten**

☐ **zum Warschauer Pakt**

☐ **zur NATO**

☐ **zu den blockfreien Staaten**

在"冷战"时期，民主德国属于____________。

☐ 西方强国

☐ 华沙公约组织

☐ 北大西洋公约组织

☐ 不结盟国家

**解析**：华沙公约组织

**知识拓展**：参见第 173 题。

# Aufgabe 203

**Wie hieß das Wirtschaftssystem der DDR?**

☐ **Marktwirtschaft**

☐ **Planwirtschaft**

☐ **Angebot und Nachfrage**

☐ **Kapitalismus**

民主德国的经济体制是____________。

☐ 市场经济

☐ 计划经济

☐ 供求主导

☐ 资本主义

**解析**：计划经济

**知识拓展**：民主德国实行计划经济，跟苏联相似。国家建立全面的生产计划、生产目标、价格，并根据计划调拨资源，生产方式几乎完全由国家所拥有。德国统一社会党管理和控制国家的经济以及社会的各个方面，拥有最高的领导地位。

# Aufgabe 204

**Wie wurden die Bundesrepublik Deutschland und die DDR zu einem Staat?**

☐ **Die Bundesrepublik Deutschland hat die DDR besetzt.**

☐ **Die heutigen fünf östlichen Bundesländer sind der Bundesrepublik Deutschland beigetreten.**

☐ **Die westlichen Bundesländer sind der DDR beigetreten.**

☐ **Die DDR hat die Bundesrepublik Deutschland besetzt.**

民主德国和联邦德国是如何合并成一个国家的?

☐ 联邦德国占领了民主德国。

☐ 今天东部的五个联邦州加入到联邦德国。

☐ 西部的联邦州加入到民主德国。

☐ 民主德国占领了联邦德国。

**解析**：今天东部的五个联邦州加入到联邦德国

**知识拓展**：1952 年 7 月 23 日，民主德国调整为 14 个行政区和东柏林。1990 年 8 月 23 日，民主德国终于做出决定，即民主德国将恢复 1952 年行政区划改革前的 5 个州建制。1990 年 10 月 3 日零时，德国统一大庆典在柏林正式举行。从此，世界上只有一个德国即联邦德国，而原民主德国则已变成联邦德国的 5 个“新联邦州”：勃兰登堡州、梅克伦堡-前波莫瑞州、萨克森州、萨克森-安哈特州、图林根州，东柏林与西柏林合并成为现在的柏林州(市州)。

# Aufgabe 205

**Mit dem Beitritt der DDR zur Bundesrepublik Deutschland gehören die neuen Bundesländer nun auch...**

□ **zur Europäischen Union.**

□ **zum Warschauer Pakt.**

□ **zur OPEC**

□ **zur Europäischen Verteidigungsgemeinschaft.**

**伴随着民主德国合并到联邦德国，新的联邦州同时也属于__________。**

□ **欧盟**

□ **华沙公约组织**

□ **石油输出国组织**

□ **欧洲防务集团**

**解析**：欧盟

**知识拓展**：欧洲联盟总部设在比利时首都布鲁塞尔，是由欧洲共同体（European Community，又称"欧洲共同市场"）发展而来的，主要经历了三个阶段：荷卢比三国经济联盟、欧洲共同体、欧盟。其实是一个集政治实体和经济实体于一身、在世界上具有重要影响的区域一体化组织。1991 年 12 月，欧洲共同体马斯特里赫特首脑会议通过《欧洲联盟条约》，通称《马斯特里赫特条约》(简称《马约》)。1993 年 11 月 1 日，《马约》正式生效，欧盟正式诞生。德国是 12 个欧盟创始国之一。1990 年东联邦德国统一之后，原本隶属于民主德国的五个联邦州也就正式并入联邦德国，成为联邦德国五个新的联邦州，也同德国一样，属于欧盟。

# Aufgabe 206

**Was bedeutet im Jahr 1989 in Deutschland das Wort „Montagsdemonstration"?**

□ **In der Bundesrepublik waren Demonstrationen nur am Montag erlaubt.**

□ **Montags waren Demonstrationen gegen das DDR-Regime.**

□ **Am ersten Montag im Monat trafen sich in der Bundesrepublik Deutschland**

**Demonstranten.**

☐ **Montags demonstrierte man in der DDR gegen den Westen.**

“星期一的游行示威”这个词在 **1989** 年的德国的含义是____________。

☐ 在德国只允许在星期一进行游行示威活动

☐ 每个星期一都举行针对民主德国政权的游行示威活动

☐ 联邦德国的游行示威者在每个月的第一个星期一聚集在一起

☐ 每个星期一在民主德国都进行针对西方的游行示威活动

解析：每个星期一在民主德国都进行针对西方的游行示威活动

# Aufgabe 207

**In welchem Militärbündnis war die DDR Mitglied?**

☐ **in der NATO**

☐ **im Rheinbund**

☐ **im Warschauer Pakt**

☐ **im Europabündnis**

民主德国是下列哪个军事同盟的成员国？

☐ 北大西洋公约组织

☐ 莱茵组织

☐ 华沙公约组织

☐ 欧洲联盟

解析：华沙公约组织

知识拓展：参见第 202 题。

# Aufgabe 208

**Was war die „Stasi“?**

☐ **der Geheimdienst im „Dritten Reich“**

☐ **eine berühmte deutsche Gedenkstätte**

☐ **der Geheimdienst der DDR**

☐ **ein deutscher Sportverein während des Zweiten Weltkrieges**

**“Stasi”指的是＿＿＿＿＿＿。**

☐ **“第三帝国”的秘密警察**

☐ **一个著名的德国纪念馆**

☐ **民主德国的秘密警察**

☐ **“二战”期间德国的一个体育协会**

**解析：**民主德国的秘密警察

**知识拓展：**参见第 199 题。

# Aufgabe 209

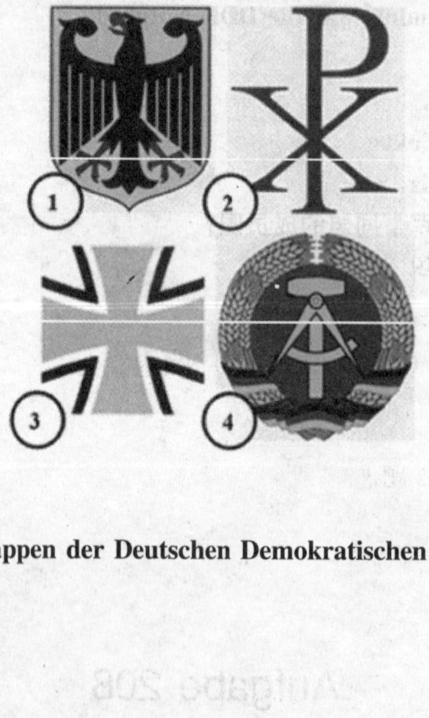


**Welches war das Wappen der Deutschen Demokratischen Republik?**

☐ **1**

☐ **2**

☐ **3**

☐ **4**

**德意志民主共和国的国徽是＿＿＿＿＿＿。**

☐ **1**

☐ **2**

☐ **3**

☐ **4**

解析：4

知识拓展：德意志民主共和国国徽为圆形、红地，上绘金色的锤子（代表工人）和圆规（代表知识分子），外环饰以被黑、红、金三色带束起的黑麦穗束（代表农民）。最初启用于1950年1月12日，仿照了苏联国徽的样式，为白地，仅绘有锤子和穗束，代表德意志民主共和国是一个工农国家。圆规和三色带在1953年5月28日被加上，而红地是在1959年9月26日才被加上，1959年10月1日被添加到民主德国国旗上。1990年5月31日国徽被德意志民主共和国人民大会废除。

# Aufgabe 210

**Was ereignete sich am 17. Juni 1953 in der DDR?**

☐ **der feierliche Beitritt zum Warschauer Pakt**

☐ **landesweite Streiks und ein Volksaufstand**

☐ **der 1. SED-Parteitag**

☐ **der erste Besuch Fidel Castros**

**1953年6月17日在民主德国发生了什么事件？**

☐ 民主德国加入了华沙公约组织。

☐ 爆发了一场全国范围的罢工运动和人民起义。

☐ 德国统一社会党第一次党代会。

☐ 卡斯特罗首次访问民主德国。

解析：爆发了一场全国范围的罢工运动和人民起义

知识拓展：参见第186题。

# Aufgabe 211

**Welcher Politiker steht für die „Ostverträge"?**

☐ **Helmut Kohl**

☐ **Willy Brandt**

☐ **Michail Gorbatschow**

☐ **Ludwig Erhard**

**政治家__________支持“东方条约”。**

☐ **赫尔穆特·科尔**

☐ **维利·勃兰特**

☐ **戈尔巴乔夫**

☐ **路德维希·艾哈德**

**解析**：维利·勃兰特

**知识拓展**：维利·勃兰特1969年上台担任联邦德国总理，于1970年3月访问了民主德国，之后签订了两国关系基础条约。此后他又访问了苏联、波兰、捷克，先后与这些国家签订了包括放弃使用武力、承认战后边界和领土现状、促进相互关系正常化等内容的条约，统称《东方条约》。从此，联邦德国、苏联以及其他东欧国家之间的关系大大改善。

# Aufgabe 212

**Wie heißt Deutschland mit vollem Namen?**

☐ **Bundesstaat Deutschland**

☐ **Bundesländer Deutschland**

☐ **Bundesrepublik Deutschland**

☐ **Bundesbezirk Deutschland**

**德国的全称是__________。**

☐ **德意志联邦国家**

☐ **德意志联邦州**

☐ **德意志联邦共和国**

☐ **德意志联邦地区**

**解析**：德意志联邦共和国

**知识拓展**：德意志联邦共和国是位于欧洲中部的议会制和联邦制国家，由16个联邦州组成，首都和最大的城市都是柏林。国家政体为议会共和制，联邦总统为国家元首，联邦政府由联邦总理和联邦部长若干人组成，联邦总理为政府首脑。

# Aufgabe 213

**Wie viele Einwohner hat Deutschland?**

☐ **70 Millionen**

☐ **78 Millionen**

☐ **82 Millionen**

☐ **90 Millionen**

德国的人口有____________。

☐ **7 000 万**

☐ **7 800 万**

☐ **8 200 万**

☐ **9 000 万**

**解析**：8 200 万

**知识拓展**：截至 2014 年，德国的人口数量为 8 263 万，占世界人口总数的 1. 14%，在世界上排名第 16 位。

# Aufgabe 214

**Welche Farben hat die deutsche Flagge?**

☐ **schwarz-rot-gold**

☐ **rot-weiß-schwarz**

☐ **schwarz-rot-grün**

☐ **schwarz-gelb-rot**

德国国旗的颜色是____________。

☐ 黑色-红色-金色

☐ 红色-白色-黑色

☐ 黑色-红色-绿色

☐ 黑色-黄色-红色

**解析**：黑色-红色-金色

# Aufgabe 215

**Wer wird als „Kanzler der deutschen Einheit" bezeichnet?**

□ **Gerhard Schröder**

□ **Helmut Kohl**

□ **Konrad Adenauer**

□ **Helmut Schmidt**

__________被称为"德国统一的总理"。

□ 格哈德·施罗德

□ 赫尔穆特·科尔

□ 康拉德·阿登纳

□ 赫尔穆特·施密特

**解析**：赫尔穆特·科尔

**知识拓展**：两德统一正是在赫尔穆特·科尔担任德国总理期间，因此，"德国统一的总理"指的是赫尔穆特·科尔。

参见第165题。

| | | |
|---|---|---|
| Helmut Kohl | 1982-1998 | CDU |

# Aufgabe 216

**Wie heißt die Hauptstadt von Deutschland?**

☐ **Bonn**

☐ **Berlin**

☐ **München**

☐ **Frankfurt/Oder**

**德国的首都是____________。**

☐ 波恩

☐ 柏林

☐ 慕尼黑

☐ 奥德河畔的法兰克福

**解析**：柏林

**知识拓展**：从1871年建立的德意志帝国开始，柏林一直是首都。“二战”后德国分成民主德国和联邦德国，民主德国的首都是柏林（东柏林），联邦德国的首都是波恩。1990年随着柏林墙的倒塌，两德合并，首都仍然在柏林，直到今天。

# Aufgabe 217

**In welchem Jahr fand die erste gesamtdeutsche Bundestagswahl statt?**

☐ **1988**

☐ **1989**

☐ **1990**

☐ **1991**

**____________年举行了第一届全德联邦议院大选。**

☐ **1988**

☐ **1989**

☐ **1990**

☐ **1991**

解析：1990

知识拓展：1990 年 11 月 2 日举行了第一届全德联邦议院大选，赫尔穆特·科尔(CDU)成为重新统一后的德国首任联邦总理。

## Aufgabe 218

**Wie viele Bundesländer kamen bei der Wiedervereinigung 1990 zur Bundesrepublik Deutschland hinzu?**

- ☐ **4**
- ☐ **5**
- ☐ **6**
- ☐ **7**

**1990 年两德统一时共有__________个联邦州加入德意志联邦共和国。**

- ☐ **4**
- ☐ **5**
- ☐ **6**
- ☐ **7**

解析：5

知识拓展：参见第 201 题。

## Aufgabe 219

**Deutschland hat die Grenzen von heute seit...**

- ☐ **1933**
- ☐ **1949**
- ☐ **1971**
- ☐ **1990**

**德国现在的国土边界是__________年确定的。**

- ☐ **1933**
- ☐ **1949**

☐ **1971**

☐ **1990**

解析：1990

**知识拓展**：1990 年两德统一，确定了德国现在的国土边界。

## Aufgabe 220

**Der 27. Januar ist in Deutschland ein offizieller Gedenktag. An was erinnert dieser Tag?**

☐ **an das Ende des Zweiten Weltkrieges**

☐ **an die Verabschiedung des Grundgesetzes**

☐ **an die Wiedervereinigung Deutschlands**

☐ **an die Opfer des Nationalsozialismus**

**在德国，每年的 1 月 27 日是官方纪念日，这一天是为了纪念__________。**

☐ **“二战”的结束**

☐ **《德国基本法》的通过**

☐ **两德统一**

☐ **纳粹时期的遇难者**

解析：纳粹时期的遇难者

**知识拓展**：2005 年 11 月 1 日在联合国总部召开的第 60 届联合国大会当天一致通过了一项由 104 个国家共同发起的决议，将每年的 1 月 27 日定为“国际大屠杀纪念日”，又被称为“奥斯维辛纪念日”(Auschwitz Gedenktag)，纪念在“二战”期间死于非命的 600 万犹太人。这一天现已被英国、意大利、德国等许多国家定为纳粹大屠杀遇难者的纪念日。德国人对于历史向来是尊重和态度鲜明的，德国以这样的方式记住了自己的污点，坦诚了自己的错误。

## Aufgabe 221

**Welches Land ist ein Nachbarland von Deutschland?**

☐ **Frankreich**

☐ **Spanien**

☐ **Griechenland**

☐ **Türkei**

__________是德国的邻国。

☐ 法国

☐ 西班牙

☐ 希腊

☐ 土耳其

**解析**：法国

**知识拓展**：德国位于欧洲中部，共有 9 个邻国，东邻波兰、捷克，南接奥地利、瑞士，西界荷兰、比利时、卢森堡、法国，北与丹麦相连并临北海和波罗的海，是欧洲邻国最多的国家。

# Aufgabe 222

**Welches Land ist ein Nachbarland von Deutschland?**

- ☐ **Ungarn**
- ☐ **Portugal**
- ☐ **Spanien**
- ☐ **die Schweiz**

**__________是德国的邻国。**

- ☐ **匈牙利**
- ☐ **葡萄牙**
- ☐ **西班牙**
- ☐ **瑞士**

**解析：**瑞士

**知识拓展：**参见第 221 题。

# Aufgabe 223

**Welches Land ist ein Nachbarland von Deutschland?**

- ☐ **Rumänien**
- ☐ **Bulgarien**
- ☐ **Polen**
- ☐ **Griechenland**

**__________是德国的邻国。**

- ☐ **罗马尼亚**
- ☐ **保加利亚**
- ☐ **波兰**
- ☐ **希腊**

**解析：**波兰

**知识拓展：**参见第 221 题。

# Aufgabe 224

**Welches ist das Wappen der Bundesrepublik Deutschland?**

□ **1**

□ **2**

□ **3**

□ **4**

**下列哪张图是联邦德国的国徽？**

□ **1**

□ **2**

□ **3**

□ **4**

**解析**：1

**知识拓展**：德国国徽为金黄色的盾徽，盾面绘有一只红爪红嘴、双翼展开的老鹰，称为“联邦之鹰”（*Bundesadler*，意为“帝国之鹰”），黑鹰象征着力量和勇气，并与国旗的三种颜色相互辉映。此国徽重新使用了魏玛共和国的国徽设计（1919—1935 年），于 1950 年被德意志联邦共和国政府采用。现行国徽亦于 1990 圣诞节前成为两德统一后的德国新国徽。千百年来，对于德国人民来说，雄鹰始终被视为圣洁的神鸟，人们相信它会给德国带来幸福、恩宠和力量。

# Aufgabe 225

**In welchem anderen Land gibt es eine große deutschsprachige Bevölkerung?**

☐ **Tschechien**

☐ **Norwegen**

☐ **Spanien**

☐ **Österreich**

**除了德国，在__________生活着众多讲德语的人。**

☐ **捷克**

☐ **挪威**

☐ **西班牙**

☐ **奥地利**

**解析：**奥地利

**知识拓展：**世界上将德语作为官方语言的国家：德国 Deutschland、列支敦士登 Liechtenstein、奥地利 Österreich；将德语作为官方语言之一的国家：比利时（与法语、荷兰语并列）Belgien（mit Französisch und Niederländisch）、卢森堡（与卢森堡语、法语并列）Luxemburg（mit Luxemburgisch und Französisch）、瑞士（德语占 75 %）（与法语、意大利语和罗曼士语）Schweiz（75% Deutsch）mit Französisch，Italienisch und Rätoromanisch）、意大利，只在南蒂罗尔部分地区（与意大利语和拉亭语并列；在其他地区：法语；斯洛文尼亚语）Italien：nur regional in Südtirol（mit Italienisch und Ladinisch；in anderen Regionen：Französisch；Slowenisch）；将德语作为少数民族语言的国家和地区：巴西 Brasilien，俄国 Russland，西伯利亚（Sibirien），哈萨克斯坦 Kasachstan，阿根廷 Argentinien，南蒂罗尔 Suedtirol，巴拉圭 Paraguay，波兰 Polen，西里西亚 Schlesier，澳大利亚 Australien，匈牙利 Ungarn，比利时 Belgien。

# Aufgabe 226

**Was zeigt das Bild?**

- □ **die Flagge der Europäischen Union**
- □ **die Flagge der Bundesrepublik Deutschland**
- □ **die Flagge von Berlin**
- □ **die Flagge von Bayern**

**这幅图是____________。**

- □ **欧盟的旗帜**
- □ **德意志联邦共和国的国旗**
- □ **柏林的市旗**
- □ **巴伐利亚州的州旗**

**解析：**欧盟的旗帜

**知识拓展：**欧盟旗帜为蓝天金星旗，蓝底上由12枚金星组成的圆环，灵感来自于文艺复兴时期宗教画上圣母脑后的“十二星冠”。“十二星冠”的出处源于《圣经·启示录》第十二章第一节：“这时，天上出现一大异象：有一女子身披太阳，脚踩明月，头戴十二星辰的冠冕……”此女子通常被解读为圣母玛利亚，因此，“星冠”的构思象征欧洲民族的完美统一。1986年，盟旗正式被采用时，成员国恰好是12个，数字的对应纯属偶然。这面“蓝天金星旗”原本是欧洲理事会自1955年开始使用的会旗。欧洲会议于1986年决定沿用“蓝天金星旗”作为欧洲联盟的旗帜。

# Aufgabe 227

**Welches Land ist ein Nachbarland von Deutschland?**

- ☐ **Finnland**
- ☐ **Dänemark**
- ☐ **Norwegen**
- ☐ **Schweden**

**__________是德国的邻国。**

- ☐ 芬兰
- ☐ 丹麦
- ☐ 挪威
- ☐ 瑞典

**解析：**丹麦

**知识拓展：**参见第 221 题。

# Aufgabe 228

**Welches Land ist ein Nachbarland von Deutschland?**

- ☐ **Bulgarien**
- ☐ **Rumänien**
- ☐ **Slowenien**
- ☐ **Österreich**

**__________是德国的邻国。**

- ☐ 保加利亚
- ☐ 罗马尼亚
- ☐ 斯洛文尼亚
- ☐ 奥地利

**解析：**奥地利

**知识拓展：**参见第 221 题。

# Aufgabe 229

**Welches Land ist ein Nachbarland von Deutschland?**

☐ **Spanien**

☐ **Bulgarien**

☐ **Norwegen**

☐ **Luxemburg**

__________是德国的邻国。

☐ 西班牙

☐ 保加利亚

☐ 挪威

☐ 卢森堡

**解析**：卢森堡

**知识拓展**：参见第221题。

# Aufgabe 230

**Das Europäische Parlament wird regelmäßig gewählt，nämlich alle...**

☐ **5 Jahre**

☐ **6 Jahre**

☐ **7 Jahre**

☐ **8 Jahre**

欧洲议会每__________定期举行选举。

☐ **5 年**

☐ **6 年**

☐ **7 年**

☐ **8 年**

**解析**：5 年

**知识拓展**：欧洲议会选举(die Direktwahl des Europäischen Parlaments)始于 1979 年

6月，这是世界上唯一一个直选的超国家议会。欧盟各成员国根据分配的名额，通过直接普选选出各自的议员参加欧洲议会。议员的任期为5年。欧洲议会设议长一名，副议长14名，均由议员选举产生，任期两年半，可以连选连任。

## Aufgabe 231

**Was bedeutet der Begriff „europäische Integration"？**

☐ **Damit sind amerikanische Einwanderer in Europa gemeint.**

☐ **Der Begriff meint den Einwanderungsstopp nach Europa.**

☐ **Damit sind europäische Auswanderer in den USA gemeint.**

☐ **Der Begriff meint den Zusammenschluss europäischer Staaten zur EU.**

怎样理解"欧洲一体化"这一概念？

☐ 欧洲的美国移民。

☐ 禁止移民欧洲。

☐ 美国的欧洲移民。

☐ 欧洲各国联合起来组成欧盟。

**解析**：欧洲各国联合起来组成欧盟

**知识拓展**："二战"后的欧洲一直实力较弱，在美国的经济政策下一直处于被控制的地位。在美苏争霸的背景下，西欧成立欧洲煤钢共同体、欧洲原子能和欧洲经济共同体。这三个机构最终变成了现在的欧盟。欧洲一体化的意义在于经济上强化了欧洲各国之间的经济关系，增强了欧盟对外的经济竞争力，提高国际经济合作水平，使国际经济竞争变得更加激烈；政治上增强了欧盟各国在世界中的影响，强化了世界多样化趋势的形成与发展，有利于抑制美国搞单极世界的图谋；与此同时，经济联系的密切使得欧盟各国在文化上相互交融，有利于世界文化的传播与发展；安全上强化了欧洲各国经济联系，使欧洲各国经济相互融合和渗透，总体来看有利于维护世界和平与安全，但同时也可能会增加各国经济的风险。

## Aufgabe 232

**Welches Land hat eine Grenze zu Deutschland?**

☐ **Jugoslawien**
☐ **Italien**
☐ **Ungarn**
☐ **Belgien**

**__________同德国接壤。**

☐ **南斯拉夫**
☐ **意大利**
☐ **匈牙利**
☐ **比利时**

**解析**：比利时

**知识拓展**：参见第221题。

# Aufgabe 233

**Welches Land ist ein Nachbarland von Deutschland?**

☐ **Tschechien**
☐ **Bulgarien**
☐ **Griechenland**
☐ **Portugal**

**__________是德国的邻国。**

☐ **捷克**
☐ **保加利亚**
☐ **希腊**
☐ **葡萄牙**

**解析**：捷克

**知识拓展**：参见第221题。

# Aufgabe 234

**Wo ist der Sitz des Europäischen Parlaments?**

- ☐ **London**
- ☐ **Paris**
- ☐ **Berlin**
- ☐ **Straßburg**

欧洲议会的所在地是＿＿＿＿＿＿。

- ☐ 伦敦
- ☐ 巴黎
- ☐ 柏林
- ☐ 斯特拉斯堡

**解析**：斯特拉斯堡

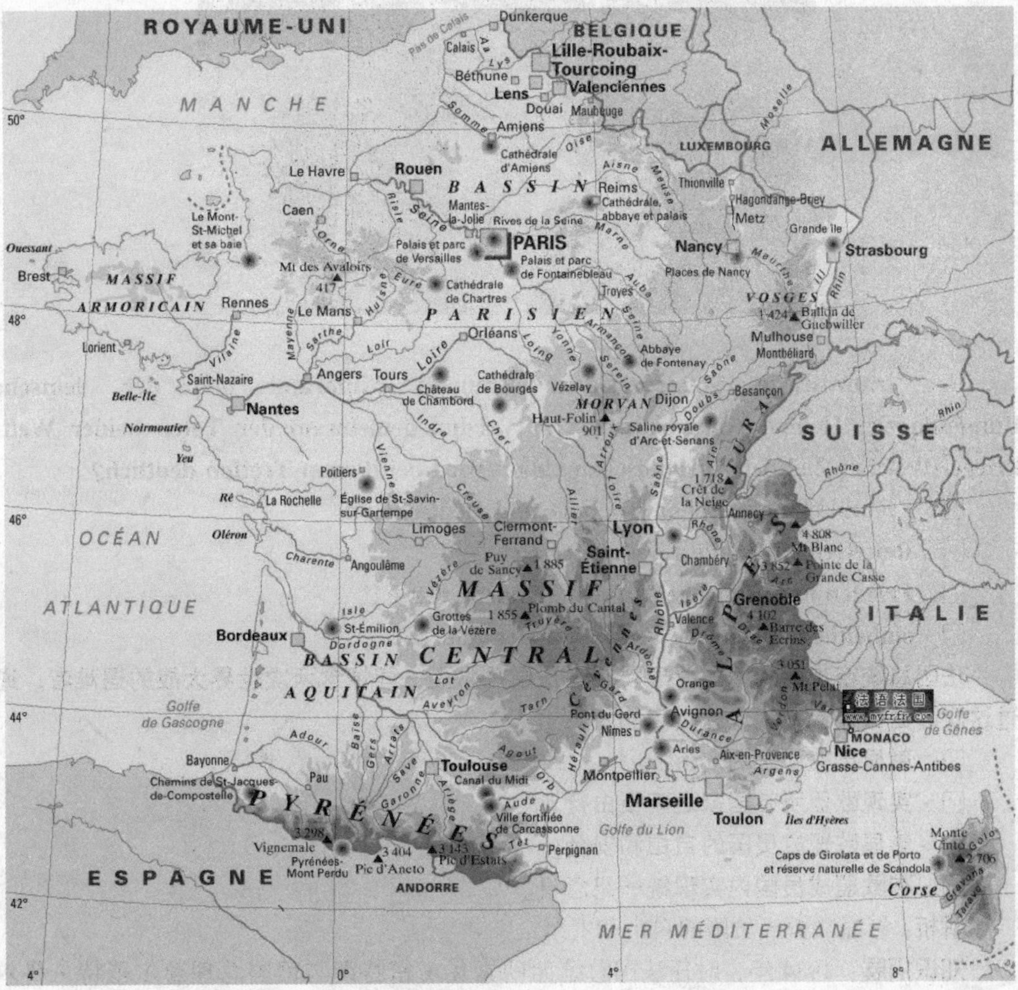


**知识拓展**：如上图所示，Straßburg 斯特拉斯堡位于法国东部。

## Aufgabe 235

**Der französische Staatspräsident François Mitterand und der deutsche Bundeskanzler Helmut Kohl gedenken in Verdun gemeinsam der Toten beider Weltkriege. Welches Ziel der Europäischen Union wird bei diesem Treffen deutlich?**

- ☐ **Freundschaft zwischen England und Deutschland**
- ☐ **Reisefreiheit in alle Länder der EU**
- ☐ **Frieden und Sicherheit in den Ländern der EU**
- ☐ **einheitliche Feiertage in den Ländern der EU**

法国总统密特朗和德国总理科尔在法国凡尔登一同悼念两次世界大战的遇难者。通过这次会面欧盟旨在达成什么目的？

- ☐ 彰显英德两国的友谊。
- ☐ 实现欧盟所有国家之间自由行。
- ☐ 彰显欧盟成员国的自由和安全。
- ☐ 在欧盟成员国内实现统一纪念日。

**解析**：彰显欧盟成员国的自由和安全

**知识拓展**：1984 年，时任法国总统弗朗索瓦·密特朗与德国总理赫尔穆特·科尔共同参加第一次世界大战凡尔登战役阵亡军人纪念仪式，手拉手，象征两国吸取历史教训、缔结友谊。

# Aufgabe 236

**Wie viele Mitgliedstaaten hat die EU heute?**

☐ **21**
☐ **23**
☐ **25**
☐ **28**

**欧盟现有____________个成员国。**

☐ **21**
☐ **23**
☐ **25**
☐ **28**

**解析**：28

**知识拓展**：迄今为止，欧盟共有 28 个成员国：英国、法国、德国、意大利、荷兰、比利时、卢森堡、丹麦、爱尔兰、希腊、葡萄牙、西班牙、奥地利、瑞典、芬兰、马耳他、塞浦路斯、波兰、匈牙利、捷克、斯洛伐克、斯洛文尼亚、爱沙尼亚、拉脱维亚、立陶宛、罗马尼亚、保加利亚、克罗地亚。

# Aufgabe 237

**2007 wurde das 50-jährige Jubiläum der Römischen Verträge gefeiert. Was war der Inhalt der Verträge?**

☐ **Beitritt Deutschlands zur NATO**
☐ **Gründung der Europäischen Wirtschaftsgemeinschaft (EMG)**
☐ **Verpflichtung Deutschlands zu Reparationsleistungen**
☐ **Festlegung der Oder-Neisse-Linie als Ostgrenze.**

**2007 年是罗马协议签署 50 周年的纪念日。这项协议的内容是____________。**

☐ **德国加入北大西洋公约组织**
☐ **成立欧洲经济共同体**

☐ **德国战败的赔偿事宜**

☐ **确定奥德-尼斯线为民主德国边境线**

**解析**：成立欧洲经济共同体

**知识拓展**：Die Römischen Verträge wurden am 25. März 1957 von Belgien，der Bundesrepublik Deutschland，Frankreich，Italien，Luxemburg und den Niederlanden in Rom（Kapitol，Senatorenpalast）unterzeichnet. Die Verträge traten am 1. Januar 1958 in Kraft.

《罗马协议》于1957年3月25日由比利时、法国、意大利、卢森堡、荷兰和德国等联合签署，这个条约开创了欧洲经济联合体，奠定了欧盟的基础。该法案于1958年1月1日生效。

# Aufgabe 238

**An welchen Orten arbeitet das Europäische Parlament?**

☐ **Paris，London und Den Haag**

☐ **Straßburg，Luxemburg und Brüssel**

☐ **Rom，Bern und Wien**

☐ **Bonn，Zürich und Mailand**

**欧洲议会在哪些地方办公？**

☐ **巴黎、伦敦、海牙**

☐ **斯特拉斯堡、卢森堡、布鲁塞尔**

☐ **罗马、伯尔尼、维也纳**

☐ **波恩、苏黎世、米兰**

**解析**：斯特拉斯堡、卢森堡、布鲁塞尔

**知识拓展**：欧洲议会（das Europäische Parlament）是欧盟三大机构（欧盟理事会、欧盟委员会、欧洲议会）之一，成立于1958年，其前身是欧洲煤钢共同体议会，由法国、联邦德国、意大利、荷兰、比利时和卢森堡6个西欧国家的议员组成。1962年正式改名为"欧洲议会"，其主要职能包括参与立法权、部分预算决定权、通过行使"共同决定权"影响欧盟理事会和欧盟委员会的决策、以2/3多数弹劾欧盟委员会。此外，它还考察欧盟成员国的人权状况以及监狱虐待与酷刑事件等，并讨论人权问题和派遣人权观察委员会，例如，对被揭露的警署或监狱虐待和酷刑事件进行调查，或者提醒一个国家和公众舆论对种族主义或排外思潮提高警惕。在超国家的欧洲联盟中，欧洲议会的特别之处在于，自从1979年以来它是唯一一个成员是由欧盟成员国人民直选产生的机构。斯特拉斯堡（法国东部城市）是欧洲议会的总部所在地，每个月都会在此召开为期约一周

的全会，欧洲议会各委员会、各党团小组会议以及特别全会则在布鲁塞尔召开，欧洲议会的秘书处设在卢森堡。

# Aufgabe 239

**Durch welche Verträge schloss sich die Bundesrepublik Deutschland mit anderen Staaten zur Europäischen Wirtschaftsgemeinschaft zusammen?**

☐ **durch die Hamburger Verträge**

☐ **durch die Römischen Verträge**

☐ **durch die Pariser Verträge**

☐ **durch die Londoner Verträge**

**通过签署__________，德国和其他国家结成欧洲经济共同体。**

☐ 《汉堡条约》

☐ 《罗马条约》

☐ 《巴黎条约》

☐ 《伦敦条约》

解析:《罗马条约》

知识拓展：参见第 237 题。

# Aufgabe 240

**Seit wann bezahlt man in Deutschland mit dem Euro in bar?**

☐ **1995**

☐ **1998**

☐ **2002**

☐ **2005**

德国从__________年起交易使用欧元现金。

☐ **1995**

☐ **1998**

☐ **2002**

☐ **2005**

**解析**：2002

**知识拓展**：欧元(Euro)，符号€，是欧元区(欧盟中18个国家：奥地利、比利时、芬兰、法国、德国、希腊、爱尔兰、意大利、卢森堡、荷兰、葡萄牙、斯洛文尼亚、西班牙、马耳他、塞浦路斯、斯洛伐克、爱沙尼亚、拉脱维亚)的货币名称。1999年1月1日在使用欧元的欧盟国家中实行统一货币政策，2002年7月欧元成为欧元区唯一合法货币。欧元由欧洲中央银行和各欧元区国家的中央银行组成的欧洲中央银行系统负责管理。1欧元(Euro)等于100欧分(Cent)。根据欧盟的规定，欧元现钞于2002年1月1日起正式流通，欧元区的各成员国原货币从2002年3月1日起停止流通。

1999年1月1日起在奥地利、比利时、法国、德国、芬兰、荷兰、卢森堡、爱尔兰、意大利、葡萄牙和西班牙11个国家(欧元区国家)正式使用欧元，并于2002年1月1日取代上述11国的货币。希腊2000年加入欧元区，成为欧元区第12个成员国。斯洛文尼亚于2007年1月1日加入欧元区，成为欧元区第13个成员国。塞浦路斯于2008年1月1日与马耳他一起加入了欧元区。斯洛伐克于2009年1月1日加入欧元区，从而使欧元区成员国增至16个。爱沙尼亚于2011年1月1日正式启用欧元，成为欧元区第17个成员国。拉脱维亚于2014年1月3日正式加入欧元区，成为其第18个成员国。如今欧盟28个成员国中已有超过半数的国家加入了欧元区，但是欧洲第二大经济体英国、丹麦等国家因考虑自身利益等原因仍未进入欧元区。

# Aufgabe 241

**Wer kann in Deutschland einen Antrag auf Ehescheidung stellen?**

☐ **nur der Mann**

☐ **die Eltern der Frau**

☐ **Frau oder Mann**

☐ **nur die Frau**

**在德国，__________可以提出离婚申请。**

☐ **只有丈夫**

☐ **妻子的父母**

☐ **妻子或者丈夫**

☐ **只有妻子**

**解析**：妻子或者丈夫

**知识拓展**：德国的《婚姻法》对离婚的条件做了相关规定，德国离婚法不承认协议离婚，法律规定“只在经婚姻一方或双方申请、由法院判决后，方得离婚。婚姻随判决发生法律效力而解除”。因此，妻子或丈夫都可以提出离婚申请。

# Aufgabe 242

**Was ist ein deutsches Gesetz?**

☐ **Man darf nicht auf der Straße rauchen.**

☐ **Frauen müssen Röcke tragen.**

☐ **Man darf Kinder nicht schlagen.**

☐ **Frauen dürfen keinen Alkohol trinken.**

下列哪项属于德国法律？

☐ 马路上禁止吸烟。

☐ 女士必须穿着裙装。

☐ 不允许打孩子。

☐ 女士不允许饮酒。

解析：不允许打孩子。

知识拓展：在德国，爱护儿童、保护儿童的合法权益已被列入法律条款。一方面，法律规定孩子要帮助父母洗碗、扫地和买东西，从小养成爱劳动的习惯；另一方面，严禁父母“唠叨、打骂或不爱子女”。如果孩子认为自己得不到父母的尊重或受到冷落，可以向法院控告自己的双亲。此外，法律还详细解释了儿童享有的各项权利。

# Aufgabe 243

**Was ist in deutschen Schulen verboten?**

☐ **Tanzen**

☐ **Rauchen**

☐ **Spielen**

☐ **Essen**

在德国学校内禁止__________。

☐ 跳舞

☐ 吸烟

☐ 玩耍

☐ 吃饭

解析：吸烟

知识拓展：自2007年起，德国就开始实行《非吸烟者保护法》，禁止在学校、医院、工作岗位、餐馆、酒吧等公共场所吸烟。不过，每个州对禁烟的规定并不一致，尤其在餐馆和酒吧禁烟规定上。巴伐利亚州和北威州最严，例如禁止任何餐馆设立独立的吸烟室，吸烟者第一次违规罚款35欧元，最高罚金可达2 500欧元。

# Aufgabe 244

**Welchen Schulabschluss braucht man normalerweise, um an einer Universität in Deutschland ein Studium zu beginnen?**

☐ **das Abitur**

☐ **ein Diplom**

☐ **die Prokura**

☐ **eine Gesellenprüfung**

**为了在德国的大学开始大学学习，人们通常要获得__________。**

☐ **高级中学毕业证书**

☐ **(大学)毕业文凭**

☐ **代理权**

☐ **学徒期满考试**

解析：高级中学毕业证书

知识拓展：德国的学制与中国不同。在德国，小孩6岁入学，小学上1~4年级：1~2年级识字、识数、观察自然，学习乡土知识(家乡所在地的本土文化)、宗教知识(人类的起源、人性等方面)。学生从3年级开始学习第一外语(一般为英语)。4年级后学生开始分流，进入什么样的学校由老师决定。学生分流进入3种不同方向性质的学校就读：1)高级文理中学；2)实科中学；3)职业中学的前期。

德国文理高级中学(Gymnasium)是德国12年基础教育阶段最高级别的中学，学生毕业并取得Abitur(毕业证书)后，无须再参加任何形式的考试，就可直接进入德国的高等院校深造。

## Aufgabe 245

**Wer darf in Deutschland nicht als Paar zusammen leben?**

☐ **Hans (20 Jahre alt) und Marie (19 Jahre alt)**

☐ **Tom (20 Jahre alt) und Klaus (45 Jahre alt)**

☐ **Sofie (35 Jahre alt) und Lisa (40 Jahre alt)**

☐ **Anne (13 Jahre alt) und Tim (25 Jahre alt)**

**在德国，下列哪组男女不能作为情侣生活在一起？**

☐ **汉斯(20岁)和玛丽(19岁)**

☐ **汤姆(20岁)和克劳斯(45岁)**

☐ **索菲(35岁)和丽萨(40岁)**

☐ **安妮(13岁)和蒂姆(25岁)**

**解析**：安妮(13岁)和蒂姆(25岁)

**知识拓展**：参见《德国民法典》(Bürgerliches Gesetzbuch，BGB)第一章第一节第二条对成年年纪做出如下规定：Die Volljährigkeit tritt mit der Vollendung des 18. Lebensjahres ein. 满18周岁方为成年。安妮13岁，根据德国法律规定，她并未成年，也没到法律规定的结婚年龄(女18岁，男18岁)，因此她和蒂姆不能作为情侣生活在一起。

## Aufgabe 246

**Ab welchem Alter ist man in Deutschland volljährig?**

☐ **16**

☐ **18**

☐ **19**

☐ **21**

**在德国，年满＿＿＿＿＿＿岁成年。**

☐ **16**

☐ **18**

☐ **19**

☐ **21**

**解析**：18

**知识拓展**：《德国民法典》第一章第一节第二条对成年年纪做出如下规定：Die Volljährigkeit tritt mit der Vollendung des 18. Lebensjahres ein. 满十八周岁方为成年。

德国的法律制度将年轻人共分为三类：儿童(Kinder)、未成年人(Jugendliche)和年轻成年人(Heranwachsende)。德国法律将14岁以下的划归为儿童，未成年人法对他们不适用；14~18岁(不超过18岁)被列为未成年人；而年轻的成年人是18~21岁；成人(Erwachsene)则是指21岁以上的人。

# Aufgabe 247

**Welches Wappen gehört zum Bundesland Brandenburg?**

**1.**  **2.**  **3.**  **4.** 

☐ **1**

☐ **2**

☐ **3**

☐ **4**

**下列哪幅图是布兰登堡州的州徽？**

☐ **1**

☐ **2**

☐ **3**

☐ **4**

**解析**：4

**知识拓展**：图一是图林根州(Thüringen)；图二是不来梅州(Bremen)；图三是北莱茵河-威斯特法伦(Nordrhein-Westfalen)。

# Aufgabe 248

**Die Erziehung der Kinder ist in Deutschland vor allem Aufgabe...**

☐ **des Staates.**

☐ **der Eltern.**

☐ **der Großeltern.**

☐ **der Schulen.**

**在德国，孩子的教育主要是__________的任务。**

☐ 国家

☐ 父母

☐ 祖父母

☐ 学校

**解析：**父母

**知识拓展：**《基本法》第六条规定婚姻和家庭受国家保护。父母有自己教育孩子的权利和义务。

# Aufgabe 249

**Wer ist in Deutschland hauptsächlich verantwortlich für die Kindererziehung?**

☐ **der Staat**

☐ **die Eltern**

☐ **die Verwandten**

☐ **die Schulen**

**在德国主要是__________对孩子的教育负责。**

☐ 国家

☐ 父母

☐ 亲戚

☐ 学校

**解析：**父母

知识拓展：参见第 248 题。

## Aufgabe 250

**Was gehört zum „Elternrecht" in Deutschland?**

☐ **Eltern verheiraten ihre Kinder.**

☐ **Eltern erziehen ihre Kinder bis zum 18. Lebensjahr.**

☐ **Eltern bestimmen den Beruf ihrer Kinder.**

☐ **Eltern haben mehr Rechte als andere Bürger / Bürgerinnen.**

在德国，下列哪项属于"父母权利"？

☐ 父母包办孩子婚姻。

☐ 父母要教育孩子直到 18 岁。

☐ 父母有权决定孩子的职业。

☐ 比起其他人父母拥有更多的权利。

解析：父母要教育孩子直到 18 岁。

知识拓展：《基本法》第六条规定：抚养和教育子女是父母的自然权利，也是父母承担的首要义务。国家机构对他们的行为予以监督。

## Aufgabe 251

**Wenn man in Deutschland ein Kind schlägt,...**

☐ **geht das niemanden etwas an.**

☐ **geht das nur die Familie etwas an.**

☐ **kann man dafür nicht bestraft werden.**

☐ **kann man dafür bestraft werden.**

如果在德国殴打孩子，__________。

☐ 此事与任何人无关

☐ 此事只与这个家庭有关

☐ 此人不会为此受到惩罚

☐ 此人会为此受到惩罚

**解析**：此人会为此受到惩罚

**知识拓展**：参见第 242 题：在德国，殴打孩子是违法行为，因此会受到相应的惩罚。

# Aufgabe 252

**In Deutschland...**

☐ **darf man zur gleichen Zeit nur mit einem Partner / einer Partnerin verheiratet sein.**

☐ **kann man mehrere Ehepartner / Ehepartnerinnen gleichzeitig haben.**

☐ **darf man nicht wieder heiraten, wenn man einmal verheiratet war.**

☐ **darf eine Frau nicht wieder heiraten, wenn ihr Mann gestorben ist.**

在德国＿＿＿＿＿＿。

☐ 只能同时拥有一个婚姻伴侣

☐ 可以同时拥有多个婚姻伴侣

☐ 如果之前曾经结过婚，那么将不允许再次结婚

☐ 如果丈夫过世，他的妻子不允许再次结婚

**解析**：只能同时拥有一个婚姻伴侣

**知识拓展**：参见德国《婚姻法》(Ehegesetz)第一章第五条规定：

Niemand darf eine Ehe eingehen, bevor seine frühere Ehe für nichtig erklärt oder aufgelöst werden ist.

在前一段婚姻没有被宣布无意义或是终止的情况下，任何人不得开始一段新的婚姻。

第二十条规定：

(1) Eine Ehe ist nichtig, wenn einer der Ehegatten zur Zeit der Eheschließung mit einem Dritten in gültiger Ehe lebt.

当结婚双方中的一方在缔结婚姻时和第三方还处于合法的婚姻关系中，则婚姻无效。

(2) Ist vor der Eheschließung die Scheidung oder Aufhebung der früheren Ehe ausgesprochen worden, so ist, wenn das Urteil über die Scheidung oder Aufhebung der früheren Ehe nach Schließung der neuen Ehe rechtskräftig wird, die neue Ehe als von Anfang an gültig anzusehen.

缔结新的婚姻前，若已宣布离婚或者终止前一段婚姻关系，即使离婚或终止前一段婚姻关系的判决在缔结新的婚姻之后才生效，新的婚姻关系自缔结之日起有效。

## Aufgabe 253

**Wo müssen Sie sich anmelden，wenn Sie in Deutschland umziehen?**

☐ **beim Einwohnermeldeamt**

☐ **beim Standesamt**

☐ **beim Ordnungsamt**

☐ **beim Gewerbeamt**

**在德国如果要搬家，必须在____________登记。**

☐ **户籍管理处**

☐ **户籍登记处**

☐ **秩序局**

☐ **工商局**

**解析：**户籍管理处

**知识拓展：**居留德国报户口的第一关就是户籍管理处(Einwohnermeldeamt)：凡在德国居住三个月以上的人都要在一周之内前去报到，进行免费的住户登记。登记时必须出示租房合同的复印件或是房东出具的一份类似的证明，在德国境内变更住址也需要进行登记。

在德国，户籍登记处(Standesamt)主管出生、结婚、死亡的户口登记。不过，新法规实施以后，德国的新婚夫妇不需要前往户籍登记处(Standesamt)登记就可以在教堂内举行婚礼，教堂婚礼和国家法律上的结婚登记不再有关联。新法规于 2009 年 1 月 1 日生效。

在德国，秩序局(Ordnungsamt)是除警察局之外的主要行政执法部门，与警察职权衔接，专门承担维持社会公共秩序的职责。

无论德国或外国的公司，只要在德国开展业务活动，都必须到当地工商局(Gewerbeamt)登记，由该局核定是否需要特别的营业许可。

## Aufgabe 254

**In Deutschland dürfen Ehepaare sich scheiden lassen. Meistens müssen sie dazu das**

**„Trennungsjahr" einhalten. Was bedeutet das?**

☐ **Der Scheidungsprozess dauert ein Jahr.**

☐ **Mann und Frau sind ein Jahr verheiratet, dann ist die Scheidung möglich.**

☐ **Das Besuchsrecht für die Kinder gilt ein Jahr.**

☐ **Mann und Frau führen mindestens ein Jahr getrennt ihr eigenes Leben. Danach ist die Scheidung möglich.**

在德国夫妻允许离婚，对此夫妻双方通常要遵守"分居年"的规定。如何理解？

☐ 离婚诉讼要持续一年之久。

☐ 结婚一年后才可以离婚。

☐ 孩子探视权有效期只有一年。

☐ 夫妻双方至少分居一年后才可以离婚。

解析：夫妻双方至少分居一年后才可以离婚

知识拓展：德国的《婚姻法》对离婚的条件做了具体规定，德国《离婚法》不承认协议离婚，法律规定"只在经婚姻一方或双方申请、由法院判决后，方得离婚。婚姻随判决产生法律效力而解除。"

德国《离婚法》奉行"破裂主义"，即可以请求离婚的唯一理由是婚姻破裂。认定婚姻破裂的标准应包括"分居"的客观情况和双方不愿再重新共同生活的主观意愿。法律规定，如果婚姻双方分居一年并且双方均申请离婚或申请相对人同意离婚，则推定婚姻破裂；如果夫妻双方3年来一直分居生活，则推定婚姻破裂。

为了防止离婚请求人滥用"破裂主义"而损害未成年子女的利益或另一方配偶的利益，法律对"破裂主义"的离婚制度又做了三项例外规定：

第一，婚姻双方分居未满一年的，原则上不准离婚。

第二，虽然婚姻已经破裂，但基于特别理由，为了维护该婚姻所产生的未成年子女的利益有维持婚姻必要的，不得离婚。

第三，虽然婚姻已经破裂，但由于特殊的情况，离婚对反对离婚的配偶过于苛刻，且权衡离婚请求人的利益而有维持婚姻的必要的，不得离婚。

此外，德国的初级法院中设置了家庭法庭，专门管辖有关婚姻、亲权或亲子间与夫妻间的抚养、夫妻财产制等各种案件。家庭法院可以根据离婚配偶一方的要求，对婚姻的解除和离婚后产生的问题包括赡养、监护、夫妻财产分割等同时做出判决。

# Aufgabe 255

**Bei Erziehungsproblemen können Eltern in Deutschland Hilfe erhalten vom...**

☐ **Ordnungsamt.**

☐ **Schulamt.**

☐ **Jugendamt.**

☐ **Gesundheitsamt.**

**在德国，父母在教育方面的问题可以向________寻求帮助。**

☐ **秩序局**

☐ **教育局**

☐ **青少年社管局**

☐ **卫生局**

**解析**：青少年社管局

**知识拓展**：在德国有一整套完善的青少年保护制度，还有专门的青少年保护法律(Jugendschutzgesetz)。德国各级政府也都设有青少年社管局(das Jugendamt，简称"少管局")。该局主要负责解决有关问题少年的问题，例如吸毒、未满16岁生育小孩、被父母赶出家门的未成年者。如若青少年因家庭困难，在上幼儿园或者上学方面存在经济问题，也可以由青少年社管局提供生活费补助。

# Aufgabe 256

**Ein Ehepaar möchte in Deutschland ein Restaurant eröffnen. Was braucht es dazu unbedingt?**

☐ **eine Erlaubnis der Polizei**

☐ **eine Genehmigung einer Partei**

☐ **eine Genehmigung des Einwohnermeldeamts**

☐ **einen Gewerbeschein von der zuständigen Behörde**

**一对夫妻想在德国开餐馆。他们一定要持有________。**

☐ **警察的许可**

☐ **政党的许可**

☐ **户籍管理处的许可**

☐ **从相关部门领取的营业执照**

**解析**：从相关部门领取的营业执照

**知识拓展**：无论任何人，不论国籍，都可以在德国成立企业、在德国注册公司。德国公司注册的基本形式可分为：

1. 人合公司(Personengesellschaft)：自然人以个人名义注册并出任法人或者股东，以其全部资产对公司承担无限责任的公司形式，主要有KG，OHG等形式。

2. 资合公司(Kapitalgesellschaft)：资合公司是指达到法律规定的最低注册资本金，

并以自然人注册为法人而成立的公司形式，公司形式分为有限责任公司 Gesellschaft mit beschränkter Haftung，即 GmbH 和股份有限公司 Aktiengesellschaft，即 AG，这两种基本形式。这是现代企业制度最常见、最实用的基本模式。

3. 特别公司(分支机构)

1) 办事处(Repräsentanz)：他国企业在德国设立一个非独立性经营点，俗称"德国代表处"。代表处不能签定业务合同，只负责市场拓展、建立公共关系、提供信息和咨询服务；

2) 分公司(Niederlassung, Tochtergesellschaft)：他国企业在德国成立分公司或者子公司，分支机构是母公司的下属分公司，在德国境内虽然有独立经营能力，但在任何情况下都隶属于母公司；

3) 资合公司的分公司(Zweigniederlassung)：他国企业在德设立有限责任公司或股份有限公司后，可根据业务发展的需要，在总部所在地之外的其他城市设立分公司。

4. 自主营业者(Selbstständige)：自由职业者(Freiberufler)、手工业者(Handwerkerbetrieb)、个体企业人(Gewerbetrieb)、注册商人(Kaufmann)等。

# Aufgabe 257

**Eine erwachsene Frau möchte in Deutschland das Abitur nachholen. Das kann sie an...**

☐ **einer Hochschule.**

☐ **einem Abendgymnasium.**

☐ **einer Hauptschule.**

☐ **einer Privatuniversität**

**在德国一位成年女士想要补取高中毕业证书。她可以在哪里就读?**

☐ **高等学校**

☐ **高级中学的夜校**

☐ **(5~9 年的)中学**

☐ **私立大学**

**解析**：高级中学的夜校

**知识拓展**：德国的夜校是一类特殊的高中形式，类属于第二条教育方式(为成人开设的学校，为在职者开设的学校)。根据每个联邦州和当地的传统，夜校开设课程的时间也不相同：

- 一周的几个晚上
- 周一到周五的晚上 17 点 30 分

• 下午的课程，周一到周五下午 14 点 30 分
• 上午的课程，周一到周五上午 8 点

除了提供夜校之外，很多联邦州还为成人提供所谓的大学，不过需要参加毕业联考 Abitur 作为就读大学的前提条件。区别在于，在这类大学里，预备课程的形式为日间高中。夜校毕业后，成人可以取得应用技术大学毕业证书。

# Aufgabe 258

**Was darf das Jugendamt in Deutschland?**

☐ **Es entscheidet，welche Schule das Kind besucht.**

☐ **Es kann ein Kind，das geschlagen wird oder hungern muss，aus der Familie nehmen.**

☐ **Es bezahlt das Kindergeld an die Eltern.**

☐ **Es kontrolliert，ob das Kind einen Kindergarten besucht.**

在德国青少年社管局可以__________。

☐ 决定孩子上哪所学校

☐ 可以把遭受殴打或者不得不挨饿的孩子从他们的家中带走

☐ 向家长支付儿童金

☐ 监督孩子是否上幼儿园

**解析**：可以把遭受殴打或者不得不挨饿的孩子从他们的家中带走

**知识拓展**：参见第 255 题。

# Aufgabe 259

**Das Berufsinformationszentrum BIZ bei der Bundesagentur für Arbeit in Deutschland hilft bei der...**

☐ **Rentenberechnung.**

☐ **Lehrstellensuche.**

☐ **Steuererklärung.**

☐ **Krankenversicherung.**

**在德国，联邦就业处的职业信息中心 BIZ 在＿＿＿＿＿＿方面提供帮助。**

☐ **退休金计算**

☐ **寻找学徒岗位**

☐ **纳税申报**

☐ **医疗保险**

**解析：**寻找学徒岗位

**知识拓展：**每个城市都设有职业信息中心（Berufsinformationszentrum，简称 BIZ），通过劳动就业中心人们可以找到其所在城市的 BIZ，该信息中心可以为您提供详尽的咨询，如职业培训、大学学习和进修。中心内设有专业咨询人员，也可通过电话进行咨询。信息中心免费供广大人民使用，且无需提前预约。

# Aufgabe 260

**In Deutschland hat ein Kind in der Schule...**

☐ **Recht auf unbegrenzte Freizeit.**

☐ **Wahlfreiheit für alle Fächer.**

☐ **Anspruch auf Schulgeld.**

☐ **Anwesenheitspflicht.**

**在德国儿童在学校＿＿＿＿＿＿。**

☐ **享有无限的自由时间**

☐ **对所有学科享有选择自由权**

☐ **有权要求学费**

☐ **有义务到校上课**

**解析：**有义务到校上课

**知识拓展：**1619 年，德意志魏玛邦公布的学校法令规定，父母应送其 6~12 岁的子女入学，否则政府会强迫其履行义务，此为义务教育的开端；1763 年，普鲁士颁布强迫教育法令，这是义务教育的正式开端。19 世纪下半叶，各主要资本主义国家相继颁布了普及义务教育的法令，在全国确立和推行义务教育制度。在实施义务教育的过程中，各国逐步达成共识，确立了义务教育的一些共同原则：强制性（义务性）、公共性、免费性、中立性、普遍性、平等性等。其中普遍性、平等性是义务教育的核心和本质，而强制性、公共性、免费性、中立性则是保障普遍性和平等性得以实现的具体要求。

如今，德国法律对学生和家长规定了严格的教育义务，不满 18 岁的孩子因病、因事没去上学，必须要由家长写假条。专家研究表明，逃学的学生中，1/3 的孩子会有违法行为或者违法倾向。对于他们，不仅学校记录在案，警察局也有记载。平日警察巡逻时，如果见到未上学的适龄青少年，会上前询问原因。更有甚者，柏林警察局还开始使用一种特制的电子带，经常逃课的学生必须将其佩戴在脚腕上，以便警察随时了解其行踪。

## Aufgabe 261

**Ein Mann möchte mit 30 Jahren in Deutschland sein Abitur nachholen. Wo kann er das tun? An...**

☐ **einer Hochschule**

☐ **einem Abendgymnasium**

☐ **einer Hauptschule**

☐ **einer Privatuniversität**

在德国一位 30 岁的男士想要补取高中毕业证书。他可以在哪里就读?

☐ 高等学校

☐ 高级中学的夜校

☐ (5~9 年的)中学

☐ 私立大学

解析：高级中学的夜校

知识拓展：参见第 257 题。

## Aufgabe 262

**Was bedeutet in Deutschland das Gleichbehandlungsgesetz?**

☐ **Niemand darf z. B. wegen einer Behinderung benachteiligt werden.**

☐ **Man darf andere Personen benachteiligen, wenn ausreichende persönliche Gründe hierfür vorliegen.**

☐ **Niemand darf gegen Personen klagen, wenn sie benachteiligt wurden.**

☐ **Es ist für alle Gesetz, benachteiligten Gruppen jährlich Geld zu spenden.**

在德国，怎样解读"一视同仁法则"?

☐ 例如，任何人不能因为自己的残疾而受到歧视。

☐ 如果有足够的个人理由，可以对其他人存在歧视。
☐ 任何人不能抱怨那些受到歧视的人。
☐ 这是适用于所有人的法则：每年要捐助受歧视的团体。

**解析**：例如，任何人不能因为自己的残疾而受到歧视

**知识拓展**：德国《基本法》第一章第三条对平等做了如下规定：

第三条　平等

(1)法律面前人人平等。

(2)男女平等。国家促进男女平等的实现并力求消除现有的不平等现象。

(3)任何人不得因性别、门第、种族、语言、籍贯和来源、信仰、宗教或政治见解受到歧视或优待。任何人不得因残疾受到歧视。

# Aufgabe 263

**In Deutschland sind Jugendliche ab 14 Jahren strafmündig. Das bedeutet：Jugendliche，die älter sind als 14 Jahre und gegen Strafgesetze verstoßen...**

☐ **werden bestraft.**
☐ **werden wie Erwachsene behandelt.**
☐ **teilen die Strafe mit ihren Eltern.**
☐ **werden nicht bestraft.**

在德国，年满 14 岁的年轻人已达判刑年龄。这句话的意思是说：年龄超过 14 岁的年轻人触犯刑律会__________。

☐ 受到惩处
☐ 受到和成年人一样的对待
☐ 和父母一起接受惩处
☐ 不会受到惩处

**解析**：受到惩处

# Aufgabe 264

**Zu welchem Fest tragen Menschen in Deutschland bunte Kostüme und Masken？**

☐ **an Rosenmontag.**
☐ **an Maifeiertag**
☐ **beim Oktoberfest**
☐ **an Pfingsten**

**在德国，人们会在＿＿＿＿＿＿穿着颜色鲜艳的服装，头戴面具。**

☐ **四月斋前的星期一**
☐ **五一劳动节**
☐ **十月节**
☐ **圣灵降临节**

**解析**：十月节

**知识拓展**：慕尼黑啤酒节(Oktoberfest，又称“十月节”)是慕尼黑一年中最盛大的活动，与英国伦敦啤酒节、美国丹佛啤酒节并称世界最负盛名的三大啤酒节。每年九月末到十月初在德国的慕尼黑举行，持续两周(大概16天)，到十月的第一个星期天为止。啤酒节最初起源于1810年10月12日，是为庆祝路德维希王子的婚礼而举办的，现今已经转为嘉年华。

慕尼黑啤酒节在一个叫做“Theresienwiese”的地方举行，巴伐利亚方言简称为“Wiesen”，意为“牧场”，每年大约有六百万人参与其中。啤酒节上有很多特色活动：每逢十月节开幕那天，要举行盛大的开幕式和由各大啤酒厂组织的五彩缤纷的游行。开幕式在一个临时搭起的大帐篷里由慕尼黑市市长主持。中午12时，在12响礼炮声和音乐声中，市长用一柄木槌把黄铜龙头敲进一个大啤酒桶内，然后拧开龙头，把啤酒放出来，盛在特制的大啤酒杯中。市长饮下这第一杯酒，著名的十月节便正式开始了。盛装游行是一个非常值得一看的活动。每年啤酒节的第一个周日，来自全德国各个州的人们穿上富有特色的民族服装盛装游行，演奏音乐，浩浩荡荡地穿过慕尼黑的市中心，最后来到啤酒节的现场Theresienwiese。人们把自己打扮成古代衣着考究的贵族公爵或身披绫罗绸缎的王妃贵妇，驾着鲜花装扮的古典马车，也有不少人很朴实地穿着农民过节穿的衣服，扮演的人物也是丰富多彩，有阿尔卑斯山下的牧童、莱茵河畔的磨房主、科隆教堂的修女、北德普鲁士的老翁。观众们也非常配合，大多穿着巴伐利亚的特色服装：小伙穿着结实的黄色、棕色背带皮裤，亚麻长袜，更显得帅气十足，姑娘穿着柔软的亚麻小白衬衣，绣花的背带长裙，更显得风情万种。

啤酒帐篷(Bierzelten)比一般的帐篷更大，也更豪华，为了招徕本国顾客和接待来慕尼黑旅游的外国客人，慕尼黑的八大啤酒厂在节前就在特蕾泽大广场上搭起巨大的啤酒大篷。每个帐篷里放有长条木桌和板凳。大篷的一端还有一个临时舞台，由民间乐队演奏欢乐的民间乐曲。帐篷一般可容纳三四千人。最大的有7 000个座位。每一个啤酒棚一般只提供一个酿酒厂的啤酒，会场中心是被鲜花和灯光装扮一新的高高的表演舞台，棚顶装饰着巨幅的绸缎和编织的花环，有的啤酒棚还设两层；游乐场里还有很多适合家庭娱乐的项目，像大转轮、旋转木马等老少皆宜的传统娱乐项目。

为了啤酒节活动专门酿制的一种啤酒叫做“Wiesenbier”，比一般的啤酒颜色更深，酒劲儿也更大，上酒的时候用的是一种叫做“Mäszlig”的容量为一升的大酒杯，只有慕尼黑当地的酒商才被允许在那里提供这种酒。酒客们也消耗掉大量的食物，大多是传统的家常小吃，如香肠、烤小鸡、泡菜和烤牛尾等。

劳动节或五月节(5月1日)：有各种大型的讴歌劳动人民的游行庆祝活动，活动通常以振奋人心或极具抗议精神的演讲结束。现在，在4月30日晚上举办舞会或者晚会的情况越来越多，活动由各类社会或政治团体赞助。

圣灵降临节，也称“五旬节”，是基督教节日，为纪念耶稣复活后差遣圣灵降临而举行的庆祝节日。据《圣经》记载，耶稣在复活后第50天差遣“圣灵”降临；门徒领受圣灵，开始布道。据此，教会规定每年复活节后第50天为“圣灵降临节”。

# Aufgabe 265

**Wohin muss man in Deutschland zuerst gehen, wenn man heiraten möchte?**

☐ **zum Einwohnermeldeamt**

☐ **zum Ordnungsamt**

☐ **zur Agentur für Arbeit**

☐ **zum Standesamt**

**在德国想要结婚的人首先必须去____________。**

☐ **户籍管理处**

☐ **秩序局**

☐ **职业介绍所**

☐ **户籍登记处**

**解析**：户籍登记处

**知识拓展**：在德国，户籍登记处(Standesamt)主管出生、结婚、死亡的户口登记。不过，新法规实施以后，德国的新婚夫妇不需要前往户籍登记处(Standesamt)登记就可以在教堂内举行婚礼，教堂婚礼和国家法律上的结婚登记不再有关联。新法规于2009年1月1日生效。

# Aufgabe 266

**Was ist seit 2007 in vielen deutschen Restaurants gesetzlich verboten?**

☐ **Telefonieren**

☐ **Rauchen**

☐ **Alkohol trinken**

☐ **lautes Reden**

自 2007 年起，很多德国餐馆依法禁止＿＿＿＿＿＿。

☐ 打电话

☐ 吸烟

☐ 饮酒

☐ 大声喧哗

解析：吸烟

知识拓展：参见第 243 题。

# Aufgabe 267

**Eine junge Frau in Deutschland，22 Jahre alt，lebt mit ihrem Freund zusammen. Die Eltern der Frau finden das nicht gut，weil ihnen der Freund nicht gefällt. Was können die Eltern tun?**

☐ **Sie müssen die Entscheidung der volljährigen Tochter respektieren.**

☐ **Sie haben das Recht，die Tochter in die elterliche Wohnung zurückzuholen.**

☐ **Sie können zur Polizei gehen und die Tochter anzeigen.**

☐ **Sie suchen einen anderen Mann für die Tochter.**

在德国一个 22 岁的女孩同她的男朋友住在一起。女孩的父母不喜欢她的男朋友，所以认为这样不好。为此他们能做什么？

☐ 他们必须尊重成年女儿的决定。

☐ 他们有权将女儿带回自己家中。

☐ 他们可以去警察局指控自己的女儿。

☐ 他们为女儿另找一个男朋友。

解析：他们必须尊重成年女儿的决定

# Aufgabe 268

**Ab welchem Alter darf man in Deutschland mit einem Führerschein allein Auto fahren?**

☐ **ab 15**

☐ **ab 18**

☐ **ab 21**

☐ **ab 24**

在德国，年满＿＿＿＿＿岁就可以持有驾照单独驾车。

☐ **15**

☐ **18**

☐ **21**

☐ **24**

解析：18

知识拓展：德国驾照属于欧盟(EU)驾照，对于驾驶年龄没有上限，但是有最低年龄限制，要求年满 18 周岁。此外还有其他规定：允许年满 17 周岁、不到 18 周岁的青少年在成年人的陪同下驾车，后者必须年满 30 周岁，至少有 5 年驾龄并且交通违章罚分记录在 3 分以下。

# Aufgabe 269

**Alexander ist 4 Jahre alt. Seine Eltern gehen arbeiten. Wo kann Alexander betreut werden?**

☐ **in der Grundschule**

☐ **im Kindergarten**

☐ **im Gymnasium**

☐ **in der Hauptschule**

亚历山大 4 岁了，他的父母要上班，他可以在＿＿＿＿＿受到照顾。

☐ 小学

☐ 幼儿园

☐ 高级中学

☐ (5~9年的)中学

解析：幼儿园

**知识拓展**：在德国，大部分幼儿园由教会、福利机构以及城市社团来管理，有些幼儿园也由企业或协会负责。幼教人员的中心任务是给孩子们在一定的社会环境中创造一种学习氛围，让他们将来能够发展成为有责任感的社会成员。幼儿园教育应对家庭教育起到辅助补充作用，帮助消除儿童发育缺陷，为他们提供各种广泛的教育、发展和培训的机会。在德国，幼儿教育机构可以分为州立、私人或教会举办等几种类型。所有幼教机构的运作经费绝大部分由国家提供。政府在制定教育收费时，考虑到了不同家庭的收入以及各家庭的幼儿人数情况。家长将个人收入的3%交给区教育行政部门，就可以送孩子入园。德国法律规定，必须向3~6岁的儿童提供受教育的机会，所以德国3~6岁的幼儿入园率能够达到90%。

# Aufgabe 270

**Die Volkshochschule in Deutschland ist eine Einrichtung...**

☐ **für den Religionsunterricht.**

☐ **nur für Jugendliche.**

☐ **zur Weiterbildung.**

☐ **nur für Rentner und Rentnerinnen.**

在德国，业余大学是__________所设立的机构。

☐ 为宗教课

☐ 只为年轻人

☐ 为进一步深造

☐ 只为退休者

解析：为进一步深造

**知识拓展**：德国业余大学(Volkshochschule，简称VHS)是为成人和继续受教育者提供的一种培训机构。德国人的整体国民素质很高，不仅仅是"校内"教育的结果，还得益于成功的"校外"教育，即成人教育。德国的业余大学便是成人教育的一大特色。

说是"高校"(Hochschule)，其实"业余大学"跟高等学府一点关系没有，这类学校是由市、县、州政府专门拨款，特地为成人在业余时间学习、进修、培训提供课程的学校。任课教师不需要师范毕业，只要拥有普通高校的毕业证或相关专业的资质证书即可。每所学校独立运作，一年分成两个学期，开设的课程五花八门。从历史、政经、文化、法律、教育、心理学和环境保护，到戏剧、舞蹈、音乐、摄影；从体操、瑜伽，到电脑软件应用和各种语言班，内容丰富多彩，应有尽有。这些课程开设的时间、地点以及注意事项，每年都会被打印成册，放在公共设施内，如银行、图书馆和市政府等地，免费发放。因为是政府出资补贴，鼓励民众继续学习的"惠民"措施，学员们只需象征性地缴纳些学费，所以参与者众多。

# Aufgabe 271

**Was ist in Deutschland ein Brauch zu Weihnachten?**

☐ **bunte Eier verstecken**

☐ **einen Tannenbaum schmücken**

☐ **sich mit Masken und Kostümen verkleiden**

☐ **Kürbisse vor die Tür stellen**

**在德国，下列哪项是圣诞节的传统?**

☐ **藏彩蛋**

☐ **装饰圣诞树**

☐ **身着彩服，头戴面具**

☐ **门前摆放南瓜**

**解析:** 装饰圣诞树

**知识拓展:** 彩蛋是复活节的象征；身穿彩服、头戴面具是十月节的传统；门前摆放南瓜是万圣节的传统。万圣节在每年的 11 月 1 日，是西方传统节日。每年 10 月 31 日被称为"万圣节前夕"(Halloween)，当晚小孩会穿上化妆服，戴上面具，挨家挨户收集糖果。万圣节通常与灵异的事物联系起来。欧洲传统认为万圣夜是鬼怪世界最接近人间的时间。南瓜灯是万圣节最常见的元素，将南瓜雕空当灯笼的故事源于古代爱尔兰。传说一个名叫 Jack 的人，是个醉汉且爱搞恶作剧。一天 Jack 把恶魔骗上了树，随即在树桩上刻了个十字，恐吓恶魔令他不敢下来，然后 Jack 就与恶魔约法三章，让恶魔答应施法让 Jack 以永远不会犯罪为条件让他下树。Jack 死后，其灵魂既不能上天堂又不能下地狱，于是他的亡灵只好靠一根小蜡烛照着指引他在天地之间徜徉。在古老的爱尔兰传说里，这根小蜡烛被放在一根挖空的萝卜里，称做"jack-o'-lanterns"，而古老的萝卜灯演变到今天，就成了南瓜做的 jack-o'-lantern 了。据说爱尔兰人到了美国不久，便发现南瓜不论从来源和雕刻来说都比萝卜更胜一筹，于是南瓜就成了万圣节的宠儿。万圣夜的主题是鬼怪、吓人以及与死亡、魔法、怪物有关的事物，通常与万圣夜有关的事物包括南瓜、鬼魂、食尸鬼、女巫、蝙蝠、黑猫、猫头鹰、精灵、僵尸、骷髅和恶魔等，还有虚构人物，如吸血鬼和科学怪人。黑色和橙色是万圣夜的传统颜色。现代万圣夜的产品也大量使用紫色、绿色和红色。秋天的元素，如南瓜和稻草人等，也成为万圣节的象征。

# Aufgabe 272

**Welche Lebensform ist in Deutschland nicht erlaubt?**

☐ **Mann und Frau sind geschieden und leben mit neuen Partnern zusammen.**

☐ **Zwei Frauen leben zusammen.**

☐ **Ein alleinerziehender Vater lebt mit seinen zwei Kindern zusammen.**

☐ **Ein Mann ist mit zwei Frauen zur selben Zeit verheiratet.**

下面哪种生活方式在德国是不被允许的？

☐ 丈夫和妻子离婚后又各自同新的伴侣生活在一起。

☐ 两个女人生活在一起。

☐ 单亲父亲同他的两个孩子一起生活。

☐ 一个男人同时同两个女人结婚。

解析：一个男人同时同两个女人结婚。

知识拓展：德国实行一夫一妻制，所以一个男人同时拥有两个妻子是不被允许的。

# Aufgabe 273

**Bei Erziehungsproblemen gehen Sie in Deutschland...**

☐ **zum Arzt / zur Ärztin.**

☐ **zum Gesundheitsamt.**

☐ **zum Einwohnermeldeamt.**

☐ **zum Jugendamt.**

在德国，教育方面的问题可以求助于___________。

☐ 医生

☐ 卫生局

☐ 户籍管理处

□ 青少年社管局

解析：青少年社管局

知识拓展：参见第 255 题。

# Aufgabe 274

**Sie haben in Deutschland absichtlich einen Brief geöffnet, der an eine andere Person adressiert ist. Was haben Sie <u>nicht</u> beachtet?**

□ **das Schweigerecht**

□ **das Briefgeheimnis**

□ **die Schweigepflicht**

□ **die Meinungsfreiheit**

在德国，故意拆开他人的信件，您的这种举动忽视了__________。

□ 沉默权

□ 通信秘密

□ 保守秘密的义务

□ 言论自由

解析：通信秘密

知识拓展：参见《联邦德国基本法》第一章第十条：

(1) Das Briefgeheimnis sowie das Post- und Fernmeldegeheimnis sind unverletzlich.

通信秘密以及邮政、电信秘密不可侵犯。

# Aufgabe 275

**Was braucht man in Deutschland für eine Ehescheidung?**

□ **die Einwilligung der Eltern**

□ **ein Attest eines Arztes / einer Ärztin**

□ **die Einwilligung der Kinder**

□ **die Unterstützung eines Anwalts / einer Anwältin**

在德国离婚需要__________。

☐ 父母的同意

☐ 医生证明

☐ 孩子的同意

☐ 律师的帮助

**解析**：律师的帮助

**知识拓展**：在德国，离婚需要律师的帮助，德国《婚姻法》对离婚的相关条件及程序都做了较详细的规定。

德国《离婚法》不承认协议离婚，法律规定"只有经婚姻一方或双方申请、由法院判决后，方得离婚。婚姻随判决产生法律效力而解除"。德国《离婚法》奉行"破裂主义"，即可以请求离婚的唯一理由是婚姻破裂。认定婚姻破裂的标准应包括"分居"的客观情况和双方不愿再重新共同生活的主观意愿。法律规定，如果婚姻双方分居一年并且双方均申请离婚或申请相对人同意离婚，则推定婚姻破裂；如果夫妻双方 3 年来一直分居生活，则推定婚姻破裂。为了防止离婚请求人滥用破裂主义而损害未成年子女的利益或另一方配偶的利益，法律对"破裂主义"的离婚制度又作了三项例外规定：第一，婚姻双方分居未满一年的，原则上不准离婚；第二，虽然婚姻已经破裂，但基于特别理由，为了维护该婚姻所产生的未成年子女的利益有维持婚姻必要的，不得离婚；第三，虽然婚姻已经破裂，但由于特殊的情况，离婚对反对离婚的配偶过于苛刻，且权衡离婚请求人的利益而有维持婚姻的必要的，不得离婚。

德国的初级法院中设置了家庭法庭(也称"家庭法院")，专门管辖有关婚姻(离婚)、亲权或亲子间与夫妻间的抚养、夫妻财产制等各种案件。离婚诉讼由夫妻共同居住地的家庭法院管辖。家庭法院可以根据离婚配偶一方的要求，对婚姻的解除和离婚后果问题包括赡养、监护、夫妻财产分割等同时做出判决，只在特殊情况下允许分案处理。

# Aufgabe 276

**Was sollten Sie tun, wenn Sie von Ihrem Ansprechpartner / Ihrer Ansprechpartnerin in einer deutschen Behörde schlecht behandelt werden?**

☐ **Ich kann nichts tun.**

☐ **Ich muss mir diese Behandlung gefallen lassen.**

☐ **Ich drohe der Person.**

☐ **Ich kann mich beim Behördenleiter / bei der Behördenleiterin beschweren.**

在德国的行政机关，如果您受到工作人员不好的对待应当怎样做？

☐ 我无能为力。

□ 我不得不采取容忍态度。

□ 威胁这名工作人员。

□ 我可以向当局领导申诉。

解析：我可以向当局领导申诉。

# Aufgabe 277

**Eine Frau, die ein zweijähriges Kind hat, bewirbt sich in Deutschland um eine Stelle. Was ist ein Beispiel für Diskriminierung? Sie bekommt die Stelle nur deshalb nicht, weil sie...**

□ **kein Englisch spricht.**

□ **zu hohe Gehaltsvorstellungen hat.**

□ **keine Erfahrungen in diesem Beruf hat.**

□ **Mutter ist.**

**在德国，一名两岁孩子的母亲应聘工作未果。假如存在歧视，下列哪项是她没有获得这份工作的理由？**

□ **她不懂英语。**

□ **她对工资的期望值过高。**

□ **她没有相关的工作经验。**

□ **她是个母亲。**

**解析：**她是个母亲

**知识拓展：**德国《基本法》第一章第三条对平等做了如下规定：

第三条　平等

(1)法律面前人人平等。

(2)男女平等。国家促进男女平等的实现并力求消除现有的不平等现象。

(3)任何人不得因性别、门第、种族、语言、籍贯和来源、信仰、宗教或政治见解受到歧视或优待。任何人不得因残疾受到歧视。

此外，德国长期以来一直面临着人口负增长的问题。为解决由此引发的问题，德国政府长期大量地投入财政力量，不断推出针对家庭、母亲、儿童的优惠政策，分担因生儿育女所带来的家庭麻烦和经济负担，为母亲提供有效的帮助，解决她们的后顾之忧。德国《生育保险法》规定，生育妇女享有三年停薪留职育儿期，公司必须为生孩子的女职员保留三年工作职位。三年后公司必须无条件地接受女职员重返工作岗位。因此，在德国，妇女不会因为生孩子而失去工作。

# Aufgabe 278

**Ein Mann im Rollstuhl hat sich auf eine Stelle als Buchhalter beworben. Was ist ein Beispiel für Diskriminierung? Er bekommt die Stelle nur deshalb nicht, weil er...**

☐ **im Rollstuhl sitzt.**

☐ **keine Erfahrung hat.**

☐ **zu hohe Gehaltsvorstellungen hat.**

☐ **kein Englisch spricht.**

一名坐轮椅的男士应聘会计职位。假如存在歧视，下列哪项是他没有获得这份工作的理由？

☐ 他坐轮椅。

☐ 他没有工作经验。

☐ 他对工资的期望值过高。

☐ 他不会讲英语。

解析：他坐轮椅

知识拓展：德国《基本法》第一章第三条对平等做了如下规定：

第三条　平等

（一）法律面前人人平等。

（二）男女平等。国家促进男女平等的实现并力求消除现有的不平等现象。

（三）任何人不得因性别、门第、种族、语言、籍贯和来源、信仰、宗教或政治见解受到歧视或优待。任何人不得因残疾受到歧视。

题目中的男士是由于身体残疾而受到了歧视。

# Aufgabe 279

**In den meisten Mietshäusern in Deutschland gibt es eine „Hausordnung“. Was steht in einer solchen „Hausordnung“? Sie nennt...**

☐ **Regeln für die Benutzung öffentlicher Verkehrsmittel.**

☐ **alle Mieter und Mieterinnen im Haus.**

☐ **Regeln，an die sich alle Bewohner und Bewohnerinnen halten müssen.**

☐ **die Adresse des nächsten Ordnungsamtes.**

**德国大多数的出租房都有“住房注意事项”。“住房注意事项”里包括什么呢？它指的是__________。**

☐ **使用公共交通工具的规定**

☐ **房里所有的租客**

☐ **所有住在这里的人必须遵守的规定**

☐ **最近的秩序局的地址**

**解析：**所有住在这里的人必须遵守的规定

**知识拓展：**在德国，几乎所有住房都有“住房注意事项”，它规定了这所房子里的住户允许或不允许做什么，比如是否允许饲养宠物，是否禁止吸烟等，所有住在这里的人都必须遵守这些规定。

在德国和奥地利，秩序局(Ordnungsamt)是地方管理机构中分管治安的部门总称，是除警察局之外的主要行政执法部门，与警察职权衔接(在德国警察隶属于州级，而秩序局属于县级基层或者市级基层)，专门承担维持社会公共秩序的职责，比如居民身份登记、养老与医疗保险、消防、交通、运输、兽医与食品监督、环保等相关事务，集中行使多种行政处罚权。其他行政执法部门发现违法行为后，可以调查有关事实，获取相关证据，但最终都应将案卷移送秩序局，由该局统一做出行政处罚决定。

# Aufgabe 280

**Wenn Sie sich in Deutschland gegen einen falschen Steuerbescheid wehren wollen，müssen Sie…**

☐ **nichts machen.**

☐ **den Bescheid wegwerfen.**

☐ **Einspruch einlegen.**

☐ **warten，bis ein anderer Bescheid kommt.**

**在德国，如果您打算为错误的征税单进行申辩，首先必须__________。**

☐ **什么也不做**

☐ **把这张征税单扔掉**

☐ **提出申诉**

☐ **等待，直到另外一张征税单寄到**

**解析：**提出申诉

# Aufgabe 281

**Zwei Freunde wollen in ein öffentliches Schwimmbad in Deutschland. Beide haben eine dunkle Hautfarbe und werden deshalb nicht hinein gelassen. Welches Recht wird in dieser Situation verletzt? Das Recht auf...**

☐ **Meinungsfreiheit.**

☐ **Gleichbehandlung.**

☐ **Versammlungsfreiheit.**

☐ **Freizügigkeit.**

**一对朋友在德国想去公共游泳场，但由于他们深色的肤色而被拒之门外。这触犯了哪项权利？**

☐ 言论自由

☐ 一视同仁

☐ 集会自由

☐ 迁徙自由

**解析**：一视同仁

**知识拓展**：德国《基本法》第一章第三条对平等做了如下规定：

第三条　平等

(一)法律面前人人平等。

(二)男女平等。国家促进男女平等的实现并力求消除现有的不平等现象。

(三)任何人不得因性别、门第、种族、语言、籍贯和来源、信仰、宗教或政治见解受到歧视或优待。任何人不得因残疾受到歧视。

因此题目中因肤色深而被拒之门外违反了《基本法》关于平等的规定。

# Aufgabe 282

**Sie möchten Ihrem Kind einen Hund schenken. Wozu sind Sie gesetzlich verpflichtet? Sie müssen den Hund...**

☐ **gegen Tollwut impfen lassen.**

☐ **bei einem Tierschutzverein anmelden.**

☐ **beim Ordnungsamt anmelden und Steuern zahlen.**

☐ **bei einer Hundeschule ausbilden lassen.**

**您想送给自己的孩子一条狗。依照法规，您必须____________。**

☐ **让狗接种狂犬疫苗**

☐ **在动物保护协会注册**

☐ **在秩序局注册缴税**

☐ **让狗在狗校接受培训**

**解析：**在秩序局注册缴税

**知识拓展：**在德国，宠物的饲养依据法律规定必须登记注册并缴税。参考第279题。

在德国，狗出生两个月后必须去市政府登记缴税，分为大型犬和小型犬。大型犬除了每年缴税比小型犬高之外，还必须植入芯片，登记造册，购买保险，每年打疫苗。

如果想领养狗，必须首先经过有关管理部门的考察，以确定经济条件是否适合养狗，想养大型狗的话年龄还要达到一定条件；接着，要办理狗的领养手续；随后，主人和狗必须一起到专门的学校参加为期三个月的培训学习。学习课程包括狗对主人的服从训练、狗与人和谐相处的伴侣训练、狗对红绿灯等各种日常标志的认知和服从训练等。上述程序完成之后，还必须得到政府批准并缴纳税款。除了警用、导盲犬等服务功能的狗，德国的养狗人都需要为狗交税。例如，在柏林，养第一只狗每年要交税120欧元，养第二只狗则要再交180欧元，并且不准再养更多的狗。

# Aufgabe 283

**Was tun Sie，wenn Sie eine falsche Rechnung von einer deutschen Behörde bekommen?**

☐ **Ich lasse die Rechnung liegen.**

☐ **Ich lege Widerspruch bei der Behörde ein.**

☐ **Ich schicke die Rechnung an die Behörde zurück.**

☐ **Ich gehe mit der Rechnung zum Finanzamt.**

**假如收到德国当局寄来的一张错误的账单，您会怎样做呢？**

☐ **搁置一旁，不予理睬。**

☐ **向相关部门提出异议。**

☐ **把账单寄回。**

☐ **带着账单去财政局。**

**解析：**向相关部门提出异议

# Aufgabe 284

**Autofahren muss man in Deutschland...**

**☐ in der Familie lernen.**

**☐ sich selbst beibringen.**

**☐ in der Fahrschule lernen.**

**☐ von Freunden / Freundinnen lernen.**

**在德国，人们应当______学习汽车驾驶。**

**☐ 在家里**

**☐ 自己**

**☐ 在驾校**

**☐ 从朋友那里**

**解析**：在驾校

**知识拓展**：在德国，要考驾照必须去驾校学习。德国考驾照得先通过视力测试，并完成 8 小时的急救课程。随后，考生要完成至少 14 堂理论课和 12 堂驾驶课，驾驶课包括高速公路、联邦(一级)公路和夜路驾驶。德国驾照考试中的路面考试大约需要 45 分钟，会考到大部分的驾驶细节，监考非常严格。在德国，一次性通过路面考试的概率不到 2/3。德国驾考一次收费 170 欧元，一般汽车驾照考下来算上培训费最少也要 1 500 欧元。如果考生考了三次还没有通过，会被送去参加测试智商和判断力的心理测试，看看其是否适合驾驶汽车。适合的话，还可以考两次。如果被认为不适合，驾车梦便就此终结。在德国顺利拿下驾照后，还可以自己参加一些驾驶技术提高班，学习如何应付各种可能出现的路况，往往能学到驾校里学不到的知识。

# Aufgabe 285

**Was gehört in Deutschland nicht zu den Nebenkosten einer Wohnung?**

**☐ Miete**

**☐ Wasser**

**☐ Müll**

☐ **Grundsteuer**

在德国，____________不属于房屋的额外费用。

☐ 租金

☐ 水费

☐ 垃圾费

☐ 土地税

解析：土地税

## Aufgabe 286

**Welche Organisation in einer Firma hilft den Arbeitnehmern und Arbeitnehmerinnen bei Problemen mit dem Arbeitgeber / der Arbeitgeberin?**

☐ **der Betriebsrat**

☐ **der Betriebsprüfer / die Betriebsprüferin**

☐ **die Betriebsgruppe**

☐ **das Betriebsmanagement**

在公司里，什么组织会帮助员工处理同雇主之间的问题？

☐ 企业职工委员会

☐ 企业审计员

☐ 企业组织

☐ 企业管理人员

解析：企业职工委员会

知识拓展：英美国家都只有工会而没有企业内部的职工委员会制度，德国的企业职工委员会与工会并存则有 100 多年的历史了。现行规制德国企业职工委员会的法律是 1972 年颁布、2001 年修订的《企业组织法》。企业职工委员会四年一届，由全体雇员选举产生。具体人数根据企业人员规模决定：20 人以下的小企业可以由 1 人组成，21 到 50 人的企业由 3 人组成，51 到 100 人的企业由 5 人组成，101 到 200 人的企业由 7 人组成。以此类推，企业雇佣人数越多，企业职工委员会的人数就越多。员工选举企业职工委员会成员必须以匿名、直接和自由的方式进行。年满 18 岁，在该企业工作满半年的员工均可成为企业职工委员会的候选人。根据《企业组织法》规定，大约占雇员 3%的企业高级职员要完全排除在外。如果说工会主要是为了与雇主对抗而形成的工人组织的话，职工委员会则是为了以合作替代对抗。为了促进这种合作关系，《企业组织法》还具体规定雇主与企业职工委员会至少每月举行一次会议，以就一些有争议的问题达成共识。组织罢工是工会的天然权利，而企业职工委员会与雇主不能进行相互攻击的劳资斗争，其对企业事务具有参与权和一定程度的共决权。企业职工委员会参与权的一个主要表现：企业解聘员工前需要听取企业职工委员会的意见。参与权是一种软性的权利，雇主可以不听。共决权则有更为准确的内涵，相关事项的具体边界也要界定得清清楚楚。《企业组织法》第八十七条具体规定了十三项企业职工委员会享有共决权的事务，包括员工行为规范、工作时间调整、薪酬支付、休假、工作监控设施、职业健康、福利设施、企业建议制度和班组工作原则等。属于共决范围内的事项如果雇主和企业职工委员会之间达不成一致，任何一方均可向劳动法院起诉。

# Aufgabe 287

**Sie möchten bei einer Firma in Deutschland Ihr Arbeitsverhältnis beenden. Was müssen Sie beachten?**

- ☐ **die Gehaltszahlung**
- ☐ **die Arbeitszeit**
- ☐ **die Kündigungsfrist**
- ☐ **die Versicherungspflicht**

在德国，您想同一家公司结束工作关系，必须特别注意＿＿＿＿＿。

- ☐ 薪金支付
- ☐ 工作时间
- ☐ 解约通知期限
- ☐ 保险义务

解析：解约通知期限

# Aufgabe 288

**Bei welchem Amt muss man in Deutschland seinen Hund anmelden?**

- ☐ **beim Finanzamt**
- ☐ **beim Einwohnermeldeamt**
- ☐ **beim Ordnungsamt**
- ☐ **beim Gesundheitsamt**

在德国，养狗必须在＿＿＿＿＿＿登记。

☐ 财政局

☐ 户籍管理处

☐ 秩序局

☐ 卫生局

解析：秩序局

知识拓展：参见第 282 题。

# Aufgabe 289

**Ein Mann mit dunkler Hautfarbe bewirbt sich um eine Stelle als Kellner in einem Restaurant in Deutschland. Was ist ein Beispiel für Diskriminierung? Er bekommt die Stelle nur deshalb nicht，weil...**

☐ **seine Deutschkenntnisse zu gering sind.**

☐ **er zu hohe Gehaltsvorstellungen hat.**

☐ **er eine dunkle Haut hat.**

☐ **er keine Erfahrungen im Beruf hat.**

在德国，一个深色肤色的男人应聘餐馆侍应生的职位。假如存在歧视，下列哪项是他没有获得这份工作的理由？

☐ 他的德语水平不够。

☐ 他对工资的期望值过高。

☐ 他的肤色是深色的。

☐ 他没有工作经验。

解析：他的肤色是深色的

知识拓展：参见第 281 题。

# Aufgabe 290

**Sie haben in Deutschland einen Fernseher gekauft. Zu Hause packen Sie den Fernseher aus，doch er funktioniert nicht. Der Fernseher ist kaputt. Was können Sie machen?**

☐ **eine Anzeige schreiben**

☐ **den Fernseher reklamieren**

☐ **das Gerät ungefragt austauschen**

☐ **die Garantie verlängern**

**在德国，您买了一台电视机，回家拆开包装后发现电视机坏了，不能正常工作。您可以____________。**

☐ 报案

☐ 投诉

☐ 无需询问直接换一台

☐ 延长保修

**解析**：投诉

**知识拓展**：在德国，消费者权益保护是一项系统工程，从政府到民间有健全的机构设置、消费者协会和完备的法律支持，各个环节紧密相联，保障消费者权益。德国在联邦政府中专门设立了消费者保护部，全国也有成熟的消费者协会网络，消协直接接受消费者投诉，帮助消费者维权。此外，大量独立的产品检验组织也是德国的一大特色，如著名的《检测》杂志等，被称做“消费者的保护神”。

德国涉及消费者保护的法律法规种类繁多，例如《消费者保护法》、《食品法》、《日用品法》、《产品担保法》和《消费信贷法》等，法律的内容也十分详尽。这些机构和法律成为消费者维权的最有力武器。在接到投诉后，当地消协会先派人调查，然后视具体情况，或敦促厂家做出解释和赔偿，或联合检验机构进行大范围调查。如果问题严重，消协还会上报到国家消费者保护部，或通过其影响力推动议会修订法律。在一些特殊情况下，消协还会采取上诉等手段向厂家施压，这在近年来也曾多次发生。在这个健全的体系下，德国消费者无论是购买食品、家电，还是购房购车、看病旅游，甚至存款贷款、投资理财等，其应有的权益都能得到保护。具体来说，德国的退换货条件更宽松。此外，德国几乎所有品牌的商店都承诺两年保修期，部分商品还有一年承诺期。德国民法明确规定，德国所售商品必须附有两年保修期，特殊情况可在买卖双方同意的情况下缩短至一年。而且，根据德国法律，商品售出后6个月内出现的质量问题，一律默认由商家负责，除非商家能够提供明确证据，证明出售该商品时不存在这一问题。而所谓承诺期则由厂家或者商家自愿提供，即承诺在相应期限内商品的功能完好，即不论商品的问题出现在售前还是售后，厂家或商家均承诺提供维修服务。

# Aufgabe 291

**Eine Frau und ein Mann haben unterschiedliche Religionen. Sie möchten heiraten. Was bedeutet das rechtlich für die beiden in Deutschland?**

☐ **Sie dürfen nicht heiraten.**

☐ **Sie dürfen in Deutschland auf dem Standesamt heiraten.**

☐ **Sie müssen nach der Religion des Mannes heiraten.**

☐ **Sie dürfen heiraten，aber nicht zusammenleben.**

**在德国，不同宗教信仰的男女想要结为夫妻，从法律上来说______。**

☐ **他们不允许结婚**

☐ **他们允许在户籍登记处办理结婚手续**

☐ **他们必须按照男方的宗教仪式结婚**

☐ **他们允许结婚，但是不能在一起生活**

**解析：**他们允许在户籍登记处办理结婚手续

**知识拓展：**德国《基本法》第一章第四条规定：信仰和良心自由、宗教和世界观信奉自由不可侵犯。

德国婚姻自由，并不因宗教信仰不同而不允许结婚。德国《基本法》第一章第六条规定：婚姻和家庭受国家特别保护。

此外，德国婚姻法对结婚的条件也有具体规定，如下：

一、实质要件：

(一)达到法定婚龄。成年之前不应结婚。若申请人已年满16周岁并且将成为其配偶之人为成年人，经申请，家庭法院可以免除对前述规定的遵守。

(二)无行为能力人不得结婚。

(三)禁止重婚。

(四)直系亲属之间以及全血缘和半血缘的兄弟姐妹之间不得结婚。因收养而形成的前述亲属关系之间不应结婚，但收养关系已经解除的除外。

二、形式要件：当事人结婚必须同时到场，且必须在户籍官员面前声明相互结婚的意愿，声明不得附条件和期限。

综上所述，只要结婚双方都满足上述条件就可以结婚，跟宗教信仰是否相同无关。

# Aufgabe 292

**Welcher Religion gehören die meisten Menschen in Deutschland an?**

☐ **dem Islam**

☐ **dem Hinduismus**

☐ **dem Christentum**

☐ **dem Judentum**

在德国，大多数人信仰＿＿＿＿＿＿。

☐ 伊斯兰教

☐ 印度教

☐ 基督教

☐ 犹太教

解析：基督教

知识拓展：基督教主要包括天主教(又称“公教会”)、东正教(又称“正教会”)、基督新教(16 世纪欧洲宗教改革运动中脱离天主教而产生的路德宗、加尔文宗、安立甘宗等新宗派的统称)三大派别，统称基督宗教。德国人口总数为 80 026 673 人(2014)，是欧洲人口最密集的国家之一。主要是德意志人，有少数丹麦人和索布族人。其中有 721.4 万外籍人，占人口总数的 8.9%。比例最高的是土耳其人，共 161 万(2011 年年底数据，德国联邦统计局网站)。居民中 29.2%(2 389.6 万人)信奉新教，30.2%(2 465.1 万人)信奉罗马天主教(2012 年年底数据)。所以，在德国，大多数人信仰基督教。

# Aufgabe 293

**Was ist in Deutschland ein Brauch an Ostern?**

☐ **Kürbisse vor die Tür stellen**

☐ **einen Tannenbaum schmücken**

☐ **Eier bemalen**

☐ **Raketen in die Luft schießen**

在德国，复活节的传统是＿＿＿＿＿＿。

☐ 在门口摆放南瓜

☐ 装饰圣诞树

☐ 绘制复活节彩蛋

☐ 朝空中放焰火

解析：绘制复活节彩蛋

知识拓展：《圣经·新约全书》记载，耶稣被钉死在十字架上，第三天身体复活，复活节因此得名。复活节是基督宗教最重大的节日，其重要性超过圣诞节。历史学家根据《圣经》和先进以色列人逾越节的日期，推算出在春分日(3 月 21 日)之后月满后的第一个星期天就是《圣经》中讲到耶稣复活的日子。由于每年的春分日都不固定，所以每年复活节的具体日期也是不确定的，但节期大致为 3 月 22 日至 4 月 25 日。关于耶稣基督之死，按基督教教义，是为了赎世人的罪；耶稣基督的身体复活，是为了使信徒得到永生。因此，在基督宗教中，复活节具有极其伟大的意义。

过去，在多数西方国家里，复活节一般要举行盛大的宗教游行。现在，复活节彩蛋是复活节不可缺少的元素，鸡蛋是复活节的象征，因为它预示着新生命的降临，相信新的生命一定会从中冲脱出世。复活节的另一象征是小兔子，原因是兔子具有极强的繁殖能力，人们视其为新生命的创造者。

# Aufgabe 294

**„Pfingsten“ ist ein...**

☐ **christlicher Feiertag.**

☐ **deutscher Gedenktag.**

☐ **internationaler Trauertag.**

☐ **bayerischer Brauch.**

“圣灵降临节”是＿＿＿＿＿＿＿。

☐ 基督教节日

☐ 德国纪念日

☐ 国际哀悼日

☐ 巴伐利亚州的传统节日

解析：基督教节日

知识拓展：参见第 264 题。

# Aufgabe 295

**Welche Religion hat die europäische und deutsche Kultur geprägt?**

☐ **der Hinduismus**

☐ **das Christentum**

☐ **der Buddhismus**

☐ **der Islam**

德国乃至整个欧洲文化受＿＿＿＿＿＿＿的影响。

□ **印度教**

□ **基督教**

□ **佛教**

□ **伊斯兰教**

**解析**: 基督教

**知识拓展**: 参见第 292 题。

# Aufgabe 296

**In Deutschland nennt man die letzten vier Wochen vor Weihnachten...**

□ **den Buß- und Bettag.**

□ **das Erntedankfest.**

□ **die Adventszeit.**

□ **Allerheiligen.**

**在德国，圣诞节之前的四周被称做＿＿＿＿＿＿。**

□ **忏悔日**

□ **收获感恩节**

□ **基督降临节**

□ **万圣节**

**解析**: 基督降临节

**知识拓展**: 基督降临节自圣诞节前的四个星期的星期日起，至圣诞节止，是迎接耶稣的诞生和他将来的复临这段时期。在降临节期间，人们要净化心灵，以等候和欢迎耶稣诞生，因此这个节日十分重要。西方教会的年历以降临节开始。其中第一个周日被称为“降临节主日”，而最后那个周日被称为“降临节第四主日”。在这四个周日期间，人们通常会制作“降临节花冠”，由木制或金属制架上的四根蜡烛组成。在降临节的每一个周日会点燃其中的一根蜡烛。某些教会的教牧人员在这段时间内会穿着象征忏悔的紫色服装。此外，降临节日历也是降临节的特色之一，基督降临节日历是特别针对儿童而言的。自 1920 年起，在原有日历的基础上增添了可以打开的小窗户。这种日历共有 24 个小窗户，从 12 月 1 日起到 24 日，即圣诞夜(英语 Christmas Eve，德语 Heiliger Abend)。今天的降临节日历大多追溯到福音教派的牧师。他们把 24 个小窗户的里面加上了《圣经》小故事。1958 年出现了第一个嵌有巧克力的降临节日历。直至今日，日历还嵌有玩具及其他小礼物。由于降临节日历致力于全世界市场，所以圣母玛利亚和约瑟夫的主题和图案被取代，市场上销售的是有通俗易懂的图案与主题的降临节日历，比如小熊。

万圣节(11 月 1 日)：罗马天主教庆祝所有圣贤的日子，是天主教州以及图林根州天主教色彩较浓厚地区的法定节假日。

忏悔日与祈祷日：每年的日期不固定，通常是在 11 月中旬(11 月 18—20 日)。这一新教徒节假日仅为萨克森州的法定假日。这一天是个人为罪孽忏悔的日子，曾是全国性的节假日，但是 1995 年之后就只有萨克森州视之为法定假日了。

感恩节：起初主要是为庆祝庄稼丰收的，人们感谢上帝赐予了丰盛的食物，让他们得以温饱。现在的感恩节不仅仅具有这方面的含义，还包括感恩父母给我们生命、养育我们成长；感恩周围人们的无私关怀；感恩工人们辛勤的工作；感恩社会给我们提供的资源和丰富的美食、漂亮的衣服、优美怡人的自然风光等。每个国家庆祝感恩节的时间不尽相同，德国是每年 10 月第一个星期日。

# Aufgabe 297

**Aus welchem Land sind die meisten Migranten / Migrantinnen nach Deutschland gekommen?**

☐ **Italien**

☐ **Polen**

☐ **Marokko**

☐ **Türkei**

**在德国，来自__________的移民最多。**

☐ **意大利**

☐ **波兰**

☐ **摩洛哥**

☐ **土耳其**

**解析**：土耳其

**知识拓展**：德国人口总数为 80 026 673 人(2014 年)，是欧洲人口最密集的国家之一。主要是德意志人，有少数丹麦人和索布族人。有 721.4 万外籍人，占人口总数的 8.9%，其中最多的是土耳其人，共 161 万(2011 年年底数据，德国联邦统计局网站)。

20 世纪 60 年代初，创造着“经济奇迹”的德国极其缺乏劳动力，继而首先从意大利、希腊、西班牙等国招聘工人，后又开始向土耳其招募劳力。1961 年 10 月 31 日，当德国联邦政府与土耳其政府签署《德国劳务市场向土耳其招聘劳动力协议》，经过德国劳工局代表严格的挑选和德方医生的体检，1961 年有 6 800 名土耳其工人乘“专列”

首先到达慕尼黑，再从那里由德国各工厂挑选后分别去往不同的德国城市。自此，土耳其人在德国繁衍生息，逐渐成为德国外籍人口中数量最多的人口，他们对德国文化的多样化发展、经济的高速增长和社会稳定作出了不可低估的贡献。

不过土耳其人和德国人的文化融合还需时日，在日常生活中，土耳其人在德国受到的歧视显而易见，其中很大的一个原因是其民族自尊意识太强，拒绝融入当地文化。尽管几十万土耳其人加入了德国籍，手持德国护照，但大多数人并不认为自己是德国人。土籍人习惯于聚居，少与当地德国人往来。各个城市，凡是土耳其人居住的地方都比较脏乱破旧，房地产价格也都比其他地方要低得多。很多土耳其人不会讲德语，即使是第二代、第三代受过德语教育的青少年在交流时也用的是德国人听不懂的德土混语。在这样的氛围下，德国人和土耳其人之间的交流和沟通，显然是有限的。同时，土耳其家庭生育人口较多，也是备受当地德国人歧视的另一个原因。连续生四五个孩子的土耳其家庭非常普遍，他们也因此获得了大量的社会救济。

## Aufgabe 298

**In der DDR lebten vor allem Migranten aus...**

☐ **Vietnam，Polen，Mosambik.**

☐ **Frankreich，Rumänien，Somalia.**

☐ **Chile，Ungarn，Simbabwe.**

☐ **Nordkorea，Mexiko，Ägypten.**

之前在民主德国生活的移民主要来自______。

☐ 越南、波兰、莫桑比克

☐ 法国、罗马尼亚、索马里

☐ 智利、匈牙利、津巴布韦

☐ 北朝鲜、墨西哥、埃及

解析：越南、波兰、莫桑比克

## Aufgabe 299

**Ausländische Arbeitnehmer und Arbeitnehmerinnen，die in den 50er- und 60er**

**Jahren von der Bundesrepublik Deutschland angeworben wurden，nannte man...**

☐ **Schwarzarbeiter / Schwarzarbeiterinnen.**

☐ **Gastarbeiter / Gastarbeiterinnen.**

☐ **Zeitarbeiter / Zeitarbeiterinnen.**

☐ **Schichtarbeiter / Schichtarbeiterinnen.**

**在 20 世纪 50 至 60 年代，德国政府招募了大量外国劳工，他们被称做__________。**

☐ **黑工**

☐ **外籍工人**

☐ **临时工人**

☐ **分班制的工人**

**解析**：外籍工人

**知识拓展**：第二次世界大战后，战败国德国几乎所有城市都成了一片废墟，大部分青壮年或死于战争，或被苏联红军押送至西伯利亚做苦力，要重建战后德国，劳动力成了一大问题。德国相继从意大利、希腊、西班牙、土耳其等国招聘工人。于是，大批的外籍工人来到德国参与德国的基础设施建设。

# Aufgabe 300

**Aus welchem Land kamen die ersten Gastarbeiter / Gastarbeiterinnen nach Deutschland？**

☐ **Italien**

☐ **Spanien**

☐ **Portugal**

☐ **Türkei**

**最初到德国来的外籍工人来自__________。**

☐ **意大利**

☐ **西班牙**

☐ **葡萄牙**

☐ **土耳其**

**解析**：意大利

**知识拓展**："二战"后，联邦德国经济和社会的高速发展对劳动力的需求与日俱增，而民主德国对民主德国人移民到联邦德国进行了严格的限制，因此当时的联邦德国开始了"二战"以后的招募外国劳动力的历史。联邦德国 1955 年与意大利、1960 年与西班牙和希腊签署了引进劳工的协议。1961 年民主德国限制涌入联邦德国的移民潮流以后，联邦德国对外国劳动力的招募力度加大，1961 年与土耳其，1964 年与葡萄牙，1968 年与南斯拉夫，1963 年、1966 年两次与摩洛哥，1965 年与突尼斯签署引进劳工的协议。据德国移民与难民局不完全统计，大约有 1 500 万外国劳工来到了联邦德国，联邦德国由此进入了“客籍工人”的时代。

# 参考书目

Nauman，Günter：Deutsche Geschichte：Von 1806 bis heute. marix Verlag ein Imprint von Verlagshaus Römerweg. 2008.

[德] 克里斯托夫·默勒斯. 德国基本法——历史与内容. 赵真，译. 北京：中国法制出版社，2014.

[英]弗尔布鲁克. 德国史：1918—2008(第三版). 卿文辉，译. 上海：上海人民出版社，2011.

李长山，等. 德国历史词典. 上海：上海辞书出版社，2014.

刘芳本，叶本度. 莱茵浪花——德国社会面面观. 北京：外语教学与研究出版社，2004.

姚宝. 德国简史教程. 上海：上海外语教育出版社，2008.

姚玲珍. 德国社会保障制度. 上海：上海人民出版社，2011.

孟钟捷. 德国简史. 北京：北京大学出版社，2012.

肖扬. 德国政治经济与外交. 北京：知识产权出版社，2014.

张翔. 德国宪法案例选释(第一辑)：基本权利总论. 北京：法律出版社，2012.